大人の Make Book

ヘア&メイクアップアーティスト
岡野瑞恵
Tamae Okano

Introduction

誰かにきちんと教わることもなく、
なんとなく自己流で、気づいたら20年以上。
時折「私のメイク、これでいいのかな」と
気になりながらも、結果そのまま……。
多くの大人の女性にとって、メイクはそんな
曖昧《あいまい》なものかもしれません。

30代、40代、そして50代と年を重ねるにつれ、
私たちの顔や肌は変化していきます。
重力に負けたり、艶《つや》と血色がなくなったり。
その変化を受け入れ、理解して、
メイクで素敵に演出できるか否かで、
これからの人生は大きく変わると言っても
過言ではありません。

目指すべきは無理な若作りでなく、
大人としての健やかさや清潔感、知性です。
数々の女優たちの美を支え続けている
岡野瑞恵流・大人のメイクで
あなたの魅力、もっと輝かせませんか？

Finsbury Square
Town, Camden Town
STREET STATION
Town, Camden Town
HILL FIELDS
Islington, Camden Town
CROSS STATION
Old Street, Islington
CROSS Swinton Street
Town
POPLAR
via Bow,

柔らかくなってきた肌や表情へ
しなやかに寄り添い、
強くなってきた内面を
知性というヴェールで包み込む。
年相応の健やかさや雰囲気を
引き立てながら、いかに違和感なく
仕上げていくか——大人のメイクは
そこにかかっていると思います。
もう若くないから、なんて
思わないで。メイクの力で
美しくなるのは、これからです。

ヘア&メイクアップアーティスト
岡野瑞恵

Contents

岡野瑞恵が考える、大人のメイクに必要なこと

1

Okano's Philosophy

若いときの自分に戻ろうとしない

目元や口元の緩み、肌のたるみ、さらにはシワも……と、年齢による顔の変化は誰にでも平等に訪れます。それに直面したとき、つい「若い頃に戻りたい」と思ってしまう気持ちはわかるけれど、若さに固執することだけはやめましょう。たとえば、まつげエクステやくっきりアイラインで目力を取り戻そうとしても、その力強さがハリのない肌から浮いてしまい、品のない厚化粧に見えるだけ。若い美しさを盛り上げるメイクと、大人の魅力を際立たせるメイクは、手法が明らかに違うのです。

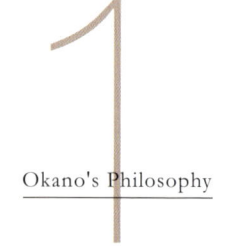

Okano's Philosophy

2

TPOに合わせて
自分を演出できる

オフィス、会食、パーティ、休日のカフェ、アウトドア、子どもがいるなら学校の行事。出かける場所に合わせて着ていく服を替えるように、メイクもいくつかバリエーションを持っておくことは、大人の自分演出に有効です。たとえばパーティ用のドレスに着替えたら、ヘアスタイルもバッグも替えたいと思いませんか？ それにメイクも合わせていけば、大人の余裕を感じさせる素敵な全身コーディネートが完成。どんな場でも自信を持って過ごせるだけでなく、周囲の人も心地良くさせます。

3

Okano's Philosophy

大きな違いを生む「微差」にこだわる

肌やパーツにハリがない分、少しやりすぎただけでも不自然な厚化粧に見えてしまう大人のメイク。大切なのは「微差」にこだわることです。フェイスパウダーはのせすぎるとすぐ老けて見えるから最小限に。パウダーチークだけだと不自然なので下に練りチークを仕込む。アイラインは目元になじんで程よく引き立てるダークブラウンに……。そんな細かい工夫のひとつひとつが、顔に色や質感を寄り添わせ、大人の魅力を引き立てる、生き生きとナチュラルで知的な顔立ちが完成します。

Base Make-up

1

ベースメイク

私がメイクの中で最も大切に考えているのが、肌作りです。撮影で女優さんをメイクするときは、ポイントメイクをそれほど変えなくても、面積の広い肌を変えることでＴＰＯを表現できます。自宅のシーンならほんの少しのコンシーラーだけで素肌っぽく仕上げたり、パーティシーンならハイライトで艶を足して華やかに見せたり。肌によって、そのシーンの説得力が増すように思います。

まずは最も活用度が高いオンタイムのベースメイクを覚えれば、後の肌作りはアイテムのアレンジなどで簡単にできます。そして、どんなときも共通して大人が大切にしたいのは、元気そうに見せること。疲れて見える毛穴や色ムラはきちんとカバーしましょう。

基本のベースメイクに必要なアイテムリスト

Base
下地

疲れた印象の補正には光カバー下地が欠かせない

大人の肌には色ムラや毛穴の凹凸などがあり、それが顔を疲れた印象に見せてしまいます。そういったアラを、まずは下地でざっくりカバー。色でなく光でカバーするカラーレスタイプの下地を使うと、素肌が透けるフレッシュな仕上がりに。

肌を色で覆うことなく、光と潤いのヴェールをまとったよう。とびきりきれいな素肌を演出してくれる、手放せない愛用下地。クレ・ド・ポー ボーテ ヴォワールトランスパラン SPF24・PA++ 30mℓ ¥6,000／資生堂インターナショナル

Liquid foundation

リキッドファンデーション

大人の肌を常にきれいに
見せてくれるのはリキッド

大人の肌の定番ファンデーションは、
しっとりしたリキッドタイプを。コンディションが
悪いときでもきれいになじんでくれます。日中の
トリートメント効果も意識して選びましょう。
色は、首と顔の境目に塗って溶け込む色が◎。

薄づきながらカバー力もあり。スキンケア効果でふっくら肌に。シアーグローファンデーション 全13色 各30㎖ ¥5,800／NARS

Sponge

リキッドファンデーション用スポンジ

メイクを肌に密着させ、
余分を取り去る必需品

下地やファンデーション、コンシーラーを肌に薄く均一に密着させたり、多めについたものを取り去ったりするのに活用。省略すると後でメイクがヨレてきたりして、いいことはありません。

適度な厚みで使いやすい。クレ・ド・ポー ボーテ クリームファンデーションスポンジ 2枚（ソフトケース付）¥1,500／資生堂インターナショナル

Stick concealer

スティックコンシーラー

手軽に塗れて、ほとんどの
肌悩みを1本でカバー

くまや色ムラをカバーするのにコンシーラーは
欠かせませんが、忙しい朝、手間がかかりすぎるのは
NG。柔らかめのスティックコンシーラーなら、
ピンポイントから広範囲までカバーできます。
色は、ファンデーションと最も近い色を選んで。

色ムラはもちろん、小ジワやキメの粗さもカバー。フィックス イット 002 ¥4,200／パルファン・クリスチャン・ディオール

Cream cheek
仕込みチーク

血色と同じ色のクリームで 生き生き感を底上げ

血色感が不足しがちな大人の肌。クリームタイプのチークを、ベースメイクの一環として仕込みましょう。色は彩度の高い赤を。一見驚いてしまう鮮やかさですが、血色の延長にある色なので、いちばん自然に仕上がります。

内側からのみずみずしい血色感を引き出すカラー設計。クリーム チーク ベース 06 ¥4,200／レ・メルヴェイユーズ ラデュレ

Face powder & brush for powder

フェイスパウダー＆パウダーブラシ

しっとりなめらかなパウダーで肌の品格を高める

仕上げのパウダーは、色がつかないルーセントタイプで、しっとりとパサつかないものを。老けて見える粉の厚塗りは禁物。ごく少量をうっすら纏わせるために、ブラシを使って。

〈右〉毛量たっぷりで柔らかい。資生堂 ザ・メーキャップ パウダーブラシ ¥5,500／資生堂インターナショナル 〈左〉ファンデーションの艶を生かし、自然な立体感を強調。ルナソル スキンコントラスト フェースパウダーN 01 ¥5,500（ケース込み）／カネボウ化粧品

下地の塗り方

Base

乳液のように肌に溶け込ませて
全体をトーンアップ

カバーしつつも素肌が透ける感じは残したいという点にこだわり、光をコントロールして毛穴や色ムラを飛ばす透明タイプの下地を使用。みずみずしくのびがいいものを選び、乳液のようにしっかりなじませます。肌にピタッと密着させれば、重ねるファンデーションのノリも良くなります。

How to make-up

→ 使用アイテムの詳細はp.16、18

1

手の甲に1回分の量を出す。やや少なめを意識して

下地を手の甲にとる。みずみずしい乳液タイプなら500円硬貨大、クリーミーなタイプなら小豆粒大とやや少なめの量が目安。顔の中心部がしっかりカバーできればいいので、この量で充分。

2

両頬に多め、眉間とあごに少なめにのせる

下地を指の腹にとり、まずはしっかりカバーしたい両頬にのせる。手の甲に残ったものを、眉間とあごにもやや少なめにのせる。

3

両手で乳液のように のばしていく

両手の指の腹全体を使って、頬の内側から外側へ乳液を塗るようになじませる。このときあまり外側に広げすぎず、毛穴や色ムラが気になる頬の内側をしっかりカバーするよう意識する。額は中心から生え際へ。

4

スポンジで整え、定着させる

あごにのせたものを口元全体に広げたら、指に残ったものでTゾーンや目元を薄くカバーする。仕上げに、何もついていないリキッドファンデーションスポンジで全体を軽く押さえ、目の際のヨレをならす。

これもおすすめ

Other Items

ハリを与え、毛穴も目立たなく

高機能エイジングケアブランドの下地。ハリと厚みを感じる肌に。AQ ミリオリティ メイクアップ エッセンス 01 SPF20・PA++ 30mℓ ¥10,000／コスメデコルテ

ロングセラーの透明下地

まるで乳液のようにみずみずしくのびて肌に溶け込み、くすみや凹凸を目立たなく整える。つるんとなめらかな艶肌に。メイクアップベース 30mℓ ¥3,500／RMK Division

+1step

下地を塗り始める
タイミングでリップケアを

忙しい大人はお手入れも効率よく。最初にリップクリームをたっぷり塗っておけば、パック効果でカサついた唇もふっくら。

メイク前

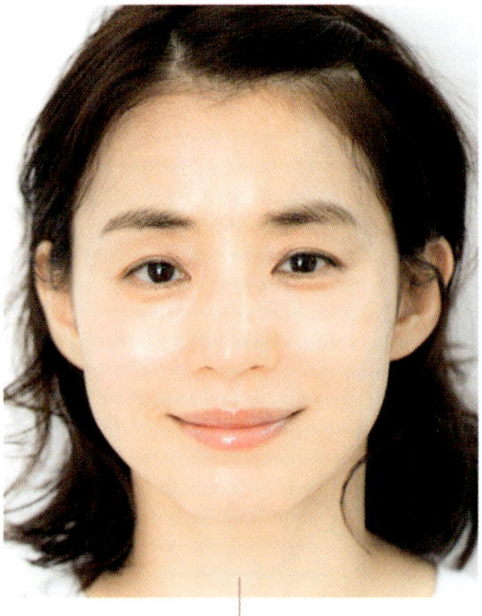

＋下地

下地完成

顔全体が自然に明るくトーンアップ。肌にしっかりなじませているのでメイク感がなく、素肌そのものがきれいという印象に。

ファンデーションの密着感アップ

みずみずしいベースで吸いつくような肌に。ほんのり甘い香り。トランスルーセント メイクアップ ベース N SPF30・PA+++ 30g ¥3,800／レ・メルヴェイユーズ ラデュレ

スキンケア効果で1日中ふっくら肌

肌に艶を与え、明るくヘルシーな印象に。繊細なパールが輝きと立体感をもたらす。トム フォード イルミネイティング プライマー 29g ¥8,000／トム フォード ビューティ

リキッドファンデーションの塗り方

Liquid foundation

カバーするという考えを捨て、
肌の上にもう1枚の美肌を作る

ファンデーション＝カバーするもの、と考えている方も多いようです。でもシミやくすみをファンデーションでピンポイントにカバーするのは難しく、つい顔全体が厚塗りになりがち。カバーするのではなく“もう1枚の美肌を作る”というイメージで、薄くのせましょう。頬の広い部分を重点的に、その他の部分はごく薄く仕上げるとナチュラルかつきれいに見え、自然な立体感も出ます。

塗り方のポイント

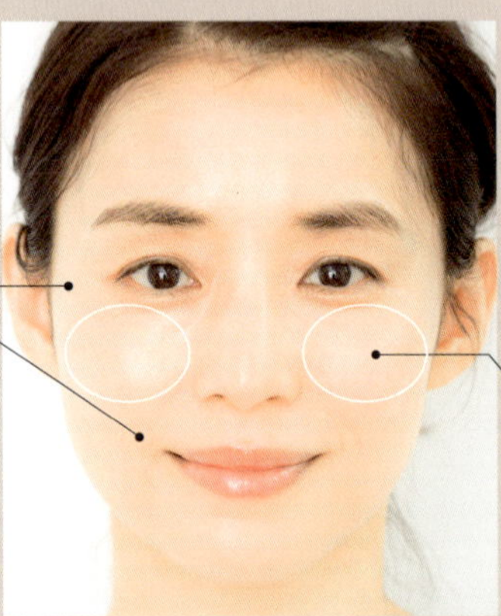
目元や口元には
うっすらと塗るだけに
頬はしっかりとカバーする

How to make-up

→ 使用アイテムの詳細はp.17、18

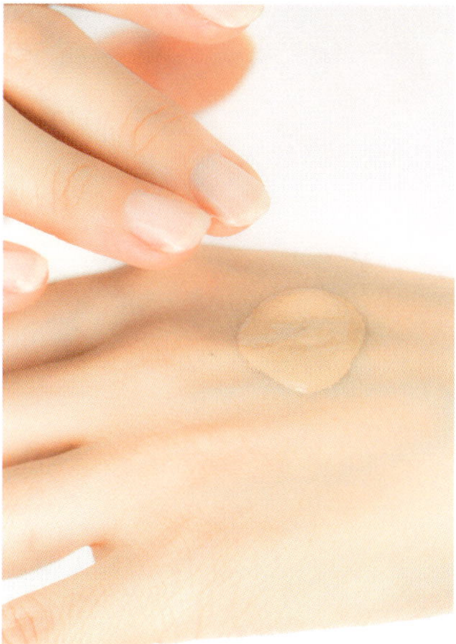

1

手の甲に下地よりやや少なめの量を出す

リキッドファンデーションを手の甲にとる。量は100円硬貨よりやや大きい程度、下地よりもやや少なめ。多すぎると厚塗りに、少なすぎるとムラになってきれいな艶が出ないので、適量を守るのがコツ。

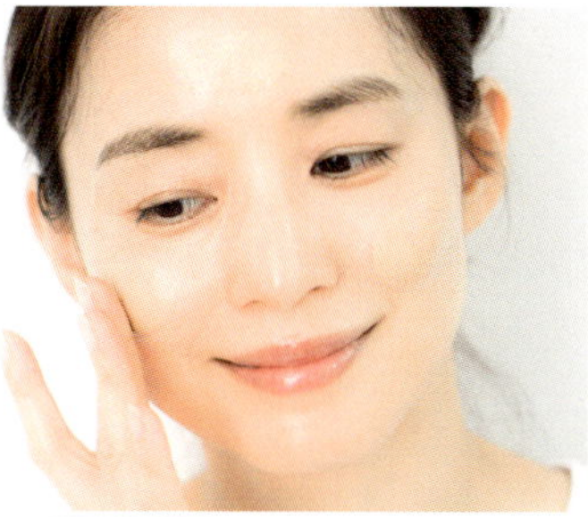

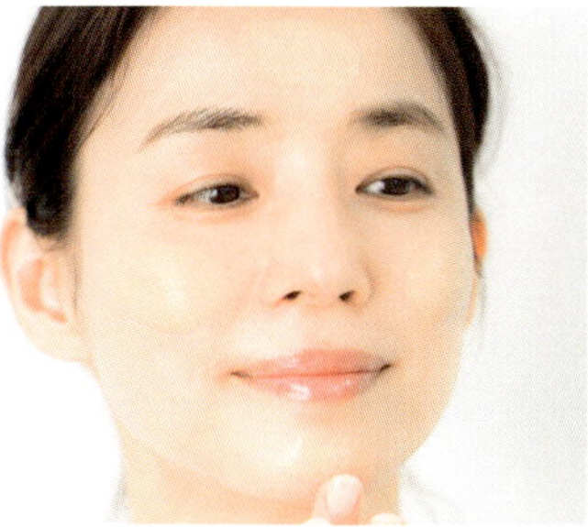

2

両頬に多め、眉間とあごに少なめにのせる

ファンデーションを指の腹にとり、まずはしっかりカバーしたい両頬にのせる。手の甲に残ったものを、眉間とあごにもやや少なめにのせる。

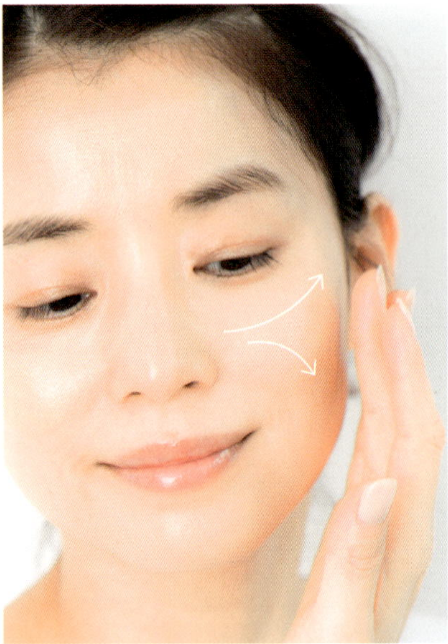

3

まずはきれいに仕上げたい頬からのばしていく

中指と薬指の腹全体を使って、頬のファンデーションをのばしていく。いちばん厚くしたい中心部に軽くたたき込むようにしてなじませたら、指に残ったものをフェイスラインへ向けてのばして。両頬を仕上げる。

4

額は中心から扇形になじませる

同じように中指と薬指の腹全体で、眉間のファンデーションを生え際に向けてのばす。生え際よりやや内側で止めると、額の中心部だけが明るく仕上がり、額の丸みが強調される。

5

指に残ったものを鼻や目元になじませる

額から鼻筋をなで下ろし、指に残ったものを鼻の側面や小鼻になじませる。小鼻は指を細かく上下にワイプさせるように塗ると、毛穴が目立たなくなる。さらに上下まぶたにもなじませて。

6

あご～口元にのばし、首筋との境目をぼかし込む

あごにのせたファンデーションを左右に広げ、口の周りにもなじませる。そのまま指でなんとなくフェイスライン～首筋をなぞるようにして、塗った部分との境目をぼかし込む。

7

スポンジで顔全体を押さえ
ファンデーションを密着させる

仕上げに、何もついていないリキッドファンデーションスポンジで全体を軽く押さえる。強く押さえたりこすったりするとファンデーションが取れてしまうので、ごく軽く押さえるようにして。

8

目の際のファンデーションを
ならしてヨレを防ぐ

常に動いている目元はこの段階でヨレていることも多いので、下まぶたの際や上まぶたの二重のラインをスポンジの角で軽くならしてヨレをオフ。ファンデーションを薄く密着させる。

これもおすすめ

Other Items

メリハリと立体感のある仕上がり

繊細な光沢ヴェールが肌を包み、自然な立体感を強調してくれる。カネボウ フルラディアンスファンデーション SPF25・PA++ 全7色 各30㎖ ￥5,500／カネボウ化粧品

スチームを浴びたような仕上がり

まるで加湿したように潤った艶肌を作る。乾燥肌に頼もしい保湿力。スティーミング スキン SPF23・PA++ 全7色 各30㎖ ￥6,000／エレガンス コスメティックス

下地まで

＋リキッドファンデーション

リキッドファンデーション完成

顔全体が明るく艶やかになっていればOK。くまやシミなどの濃い色ムラはコンシーラーでカバーするので、ここでは気にしない。

9

首筋に向けて
ぼかし込む

スポンジをフェイスラインから首筋に向けてなでるように動かし、境目をぼかし込む。最後に鏡で顔全体をチェックし、ヨレがあったらスポンジでなじませる。

艶が出にくい肌もこれならOK

肌が受ける光、放つ光を増幅させて、発光するように明るい肌へ。艶の出にくい肌にぴったり。タンミラク リキッド SPF15・PA++ 全8色 各30㎖ ￥6,000／ランコム

小ジワや毛穴をカバー

キャンドルに照らされたような、小ジワや毛穴の目立たないソフトな艶感。キャンドルグロウ ソフトルミナスファンデーション 全11色 各30㎖ ￥6,000／ローラ メルシエ

コンシーラーの塗り方

Stick concealer

気になる色ムラを
ピンポイント&一気にカバー

下地とファンデーションを塗ってもなおその存在を主張してくる濃い色ムラ――目元のくま、小鼻の赤み、目立つシミ、口角のくすみは、コンシーラーでピンポイントにカバーします。撮影現場では目元用、シミ用など形状の異なるコンシーラーを使い分けることもありますが、大人の忙しい朝には非効率的。肌なじみのいいスティックコンシーラーで一気に仕上げてしまいましょう。

コンシーラーでカバーすべき部分

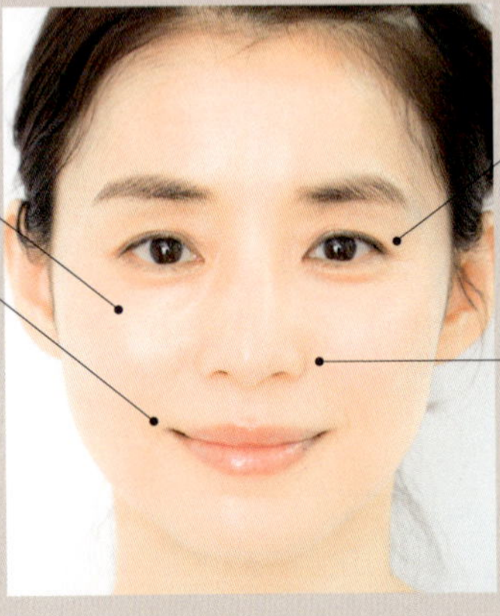

How to make-up

→ 使用アイテムの詳細はp.19

1

目の下のくまと小鼻の赤みにコンシーラーをのせる

まずはお疲れ顔の原因になるくまと小鼻の赤みをカバー。コンシーラーの先端でくまの下側にラインを描き、小鼻の外側を囲む。目の際にコンシーラーを直接のせてしまうと、ヨレやすく厚塗りに見えるのでNG。

2

のせたコンシーラーを指でなじませる

小鼻の外側にのせたコンシーラーを、中指の腹で小鼻に向けてなじませていく。くぼみにたまらないよう注意して。指に残ったものを法令線のつけ根にも少しなじませると、影が消えて若々しく見える。

3

くまにのせたコンシーラーを薄く広げてカバー

くまの下側のラインにのせたコンシーラーを、薬指の腹でその場にたたき込むようにしながら、少しずつ目の際に向けてぼかしていく。くまの濃い部分がいちばん厚く、目の際に向けて薄くなるように。

4

くすみが広範囲なら目尻側にもプラス

目元のくすみが目尻側にも広範囲にわたる場合は、コンシーラーをプラス。気になる部分にコンシーラーを少量のせ、薬指の腹でなじませる。

これもおすすめ

Other Items

高いカバー力を求めるならこれ

カバー力とフィット感が高く、濃いシミも重ねれば完璧にカバーできる。よく動く部分には薄くなじませて。コンシーラースティック 1212 ￥2,500／NARS

忙しい朝にも使いやすい

肌にのばすとすぐにフィットするから、手早くメイクが完了。クレ・ド・ポー ボーテ コレクチュールヴィサージュs NO SPF25・PA+++ ￥6,000／資生堂インターナショナル

5

口角のくすみをカバーし キュッと上がった印象に

顔の清潔感を損なう口角のくすみもカバー。コンシーラーを下唇の口角の2㎝内側にあて、斜め上方向にラインを描く。口角よりややはみ出すところまでのせると引き上がった印象に。左右にのせ、指でなじませる。

＼さらにシミのカバーも／

6

シミのカバーは目立つものだけでOK。ひと回り大きくのせる

シミ（ニキビ痕や傷痕なども含む）は、小さく薄いものは目立たないので気にせず、大きく濃いものだけをカバーする。コンシーラーの先端を使い、気になる部分よりもひと回り大きくのせる。

明るく生き生きした印象に

アプリコットの色みと艶のある質感で、リフトアップしたかのように見せる。スティッククリエーションカラー 200 ￥4,000／エレガンス コスメティックス

美白効果でシミをケア

紫外線をカバーしながら美白ケア。汗や皮脂にも強く、くずれにくい。ホワイトニング コンシーラー［医薬部外品］02 SPF35・PA++ ￥4,000／コスメデコルテ

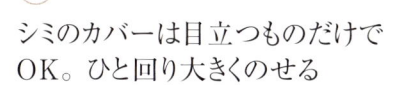

リキッドファンデーションまで

＋コンシーラー

コンシーラー完成

近くで見ると気づく細かいシミや薄いそばかすなどは、すべてカバーすると厚塗りになるのでそのままに。遠目できれいならOK！

7

周囲をたたき込むようにしてなじませる

コンシーラーと周囲との境目を、薬指の腹で細かくたたき込むようにしてなじませる。

Column 1

悩み別にコンシーラーを使い分けても

「時間がたつと目元がシワっぽくなる」「シミがうまくカバーできない」という方は、専用のコンシーラーを使い分けても。やや手間はかかりますが、適材適所できれいな仕上がりが続きます。

くま ▶ リキッドコンシーラーで薄くしっとりとカバー

3　2　1

美容液成分をベースにした、潤いたっぷりの柔らかい筆ペンコンシーラー。くまを薄く自然にカバーし、長時間小ジワを目立たせません。

1.天然由来成分80%のみずみずしいテクスチャー。くまを効果的にカバーするオレンジ色。アドバンスド スムージング コンシーラー OR ¥3,500／THREE　2.乾燥が気になる目元に使ってもヨレにくい。資生堂 シアー アイゾーン コレクター 103 ¥3,600／資生堂インターナショナル　3.目元のくすみを明るく。イルミネイティング ハイライト ペン 05 ¥6,000／トム フォード ビューティ

小さいシミ ▶ ペンシルコンシーラーで点置きカバー

3　2　1

スティックコンシーラーよりも水分が少なく、薄く密着してカバー力大。シワができずヨレにくい部分にあるシミにはぴったりです。

1.ベージュとピンクの2色が1本に。ベージュでカバーした後、ピンクを重ねて明るさを。タン・クチュール・コンシーラー 2 ¥3,900／パルファム ジバンシイ　2.適度な太さで、大きなシミもサッとカバーできる。ドット コンシーラー NA201 ¥3,500（ホルダー込み）／エレガンス コスメティックス　3.肌になじみ込んで違和感のない質感が秀逸。ペンシルコンシーラー 02 ¥2,500／RMK Division

仕込みチークの塗り方

Cream Cheek

血色のいい肌作りの
一環としてのチーク

若作りする必要はないけれど、元気そうに見せる工夫は必要、とお話ししました（P15）。理由は、疲れて不健康そうな雰囲気は人を遠ざけるから。そこで活用したいのが血色レッドのクリームチークです。ベースメイクの一環として少量仕込むことで、生き生きと血色の良い印象に。後で重ねるパウダーチークの色持ちもアップします。

How to make-up

→ 使用アイテムの詳細はp.20

1

ニコッと笑うと高くなる位置に少量のせる

クリームチークを中指の腹に少量とる。鏡の前でニコッと笑い、両頬のいちばん高くなる位置にポンポンとのせる。

2

周囲に広げながら薄くなじませる

中指でそのまま周囲に薄く広げていく。ファンデーションがヨレないよう、軽い力でなじませて。のせたときは強かった色もごく淡くなじみ、生き生きと自然な血色感になる。左右の頬をなじませて。

3

何もついていない薬指で周囲をぼかす

ある程度なじんだら、何もついていない薬指で境目をぼかす。チークを塗った部分の境目を軽くポンポンとたたくように一周する。左右同様に。

4

自然と上気している印象になればOK

なじませ終わった状態。強かったレッドが肌に溶け込むようになじみ、内側から上気したような肌に。

これもおすすめ

Other Items

チークの色がくすみやすい方に

ピタッと密着してヨレず、くすまず、透明感のある仕上がりが続く。サラッとして心地いい質感。スリーク フェイス RD301 ￥3,000／エレガンス コスメティックス

紫外線や乾燥から肌を守る

オーガニックシアバターを配合し、リップにも頬にも使えるみずみずしさ。ティント リッププロテクター + モア ドアオープン SPF20 ￥2,500／ADDICTION BEAUTY

コンシーラーまで

↓

＋仕込みチーク

仕込みチーク完成

ベースメイクをすると、顔全体が明るくなる分、ややフラットな印象に。そこにチークを仕込むことで、血色はもちろん立体感も出ます。

5

指に残ったものを頬の中央にのせると立体感が

仕上げに、中指にうっすら残ったチークを頬の中央（最初にチークをのせた部分）にポンポンとおくように重ねる。ほんのり色のグラデーションができて、自然な立体感が。

仕上がりはサラッとパウダリー

肌にのばすとサラサラのパウダータッチに変わる。ピュアなレッドは薄づきなので初心者にも使いやすい。キャンメイク クリームチーク CL08 ￥580／井田ラボラトリーズ

フェイスパウダーの塗り方

Face powder

つけないとベタつき、多いと老けて見える。量が大切です

ベースメイクの仕上げに“お粉”をはたくと、肌がさらっとして気持ちいいですね。フェイスパウダーには毛穴をカバーし、肌をきめ細かく見せる効果もあります。ただし、量が多いとマットになり、老けて見える ので注意が必要。薄くつくブラシと、付属のパフを使い分けるのがコツです。

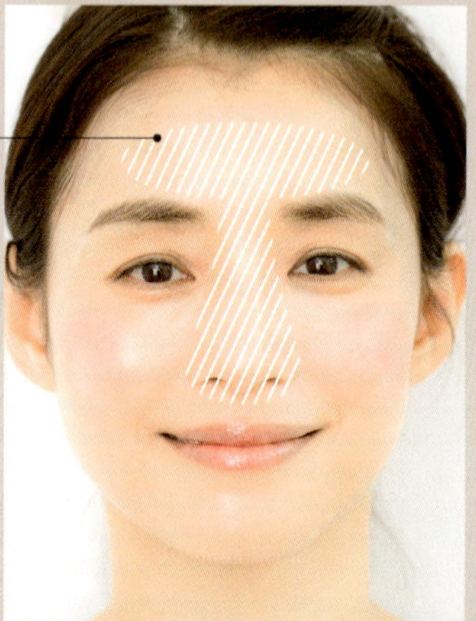

Tゾーンはさらに
パフで押さえる

顔全体はブラシで

How to make-up

→ 使用アイテムの詳細はp.21

1

パフに取ったパウダーを ブラシに移す

付属のパフに、表面に薄くつく量のパウダーをとる。パウダーブラシでパフの表面をなでるようにして、ブラシにパウダーを少量含ませる。

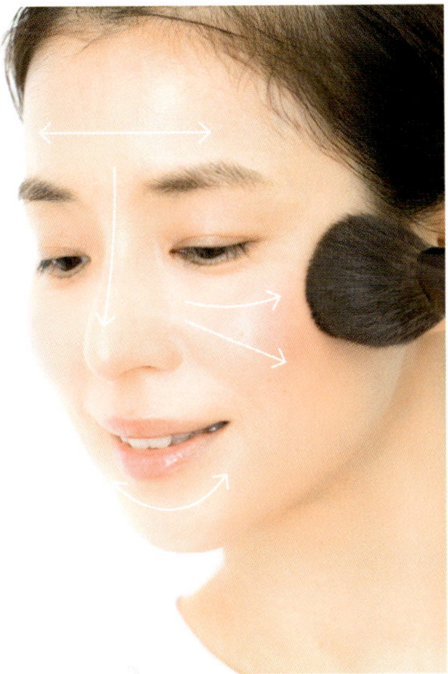

2

広い部分から顔全体に ふわっとなじませる

頬→額→鼻→口元の順に、ブラシでふわっとなぞるようにして、パウダーを薄くなじませる。ついたかついていないのか、わからない程度の量がのればOK。見た目に粉がついたとわかるのはつけすぎ。

3

フェイスラインから首筋になじませ、質感をつなげる

ブラシにパウダーを足さず、フェイスラインから首筋に向けてブラシを動かす。小ジワや皮膚の緩みといった年齢サインが出やすい首も、パウダーをのせることできれいに。顔と質感を揃える効果もある。

4

テカリやすい部分はパフで押さえる

1のパフにパウダーを足さず、パフをもんでパウダーを内側にしっかり含ませる。テカリやすいTゾーンと小鼻を押さえ、ファンデーションの密着感をアップ。小鼻はパフを折ると細かい部分まで押さえやすい。

これもおすすめ

Other Items

肌色をにごらせないカラー

くすみのない明るい肌色に仕上げる絶妙な色。毛足の長いパフも使いやすい。アルティメイトダイアフェネス ルースパウダー（トランスルーセント）01 ¥5,000／THREE

肌の質感を変えない極上パウダー

粉雪のようにすっと溶けて肌になじみ、艶を残しながらサラッと心地いい肌触りに。スキンケア成分のローズオイルを配合。アプソリュ パウダー 02 ¥12,000／ランコム

仕込みチークまで

↓

＋フェイスパウダー

フェイスパウダー完成

ファンデーションの艶が薄くパウダーを重ねることでやや押さえられ、明るく清潔感のある〝セミ艶肌〟肌に。

+1step

汗でベタつく季節は パウダーで清潔感アップ

夏場など顔に汗をかく季節は、朝、もみあげや額の生え際などにパフでパウダーをなじませて。髪がベタッと貼りつくのを防げます。

カバー力が欲しいなら色つきでも

トーンの異なる4色を混ぜて使うので、生き生きと自然な仕上がり。パールの艶で女性らしい肌に。プリズム・リーブル 5 ¥7,700／パルファム ジバンシイ

乾燥肌にも明るさと艶を

スフレのように軽く、柔らかいパウダー。肌が受ける光を取り込み、内側から輝くような艶肌に仕上げる。スフレエクラ 02 ¥6,300／イヴ・サンローラン・ボーテ

基本のベースメイク

Finish

メイクが肌になじんで寄り添い、自然な艶のある
明るい仕上がり。きめ細かく上品に見え、
オフィス、デート、初めての人との顔合わせetc.
どんなシーンにも対応できる好感度の高い肌です。

ベースメイク応用編

服と同じように、シーンに合わせて肌も着替えましょう

今回、初めてのメイク本のお話をいただいたとき、まず考えたのは「肌を主役にしたい」ということでした。出かける場所やシーンに合わせて着る服を替えるのは大人の女性のたしなみだと思いますが、それに合わせて肌の質感や厚みを変えることで、おしゃれの完成度が高まるからです。さりげないけれど、雰囲気を変える影響度は大。大人ならではの余裕を感じさせるテクニックです。基本の“セミ艶肌”のアレンジとして、覚えておきたいのは3パターン。テクニックは基本とほぼ同じ、使うアイテムを変えるだけなので簡単です。

- □ 肌の露出が多い服を着る日
- □ 夜の会食で雰囲気を変えたいとき
- □ 結婚式、パーティなど華やかな場に

艶やか フェミニン肌

□ 会議やプレゼンなどに出席する日
□ 子どもの学校行事に参加する日
□ 賢く知的に見せたいとき

さらっと
マニッシュ肌

□ 家族やパートナーとくつろぐ休日
□ オフィスで1日中過ごす日
□ カジュアル、リラックス感のある服を着る日

柔らか
リラックス肌

- □ 肌の露出が多い服を着る日
- □ 夜の会食で雰囲気を変えたいとき
- □ 結婚式、パーティなど華やかな場に

艶やか
フェミニン肌

基本の〝セミ艶肌〟に艶を足すことで、
女性らしい色気と立体感をプラス。
華やかな場にふさわしい、存在感のある
肌です。艶が光を集めるので
ハリ感が生まれ、若々しく見せる効果も。

使うのは…

リキッドファンデーション＋
スティックハイライト

〈右〉みずみずしく潤いをたたえたような光をプラスするハイライター。ピンポイントに使え、肌になじみやすい。グロースティック ￥2,000／RMK Division　〈左〉ファンデーションは基本（P.17）と同じ。素肌感あふれる仕上がり。シアーグローファンデーション 全13色 各30㎖ ￥5,800／NARS

How to make-up

→ 使用アイテムの詳細は p.51

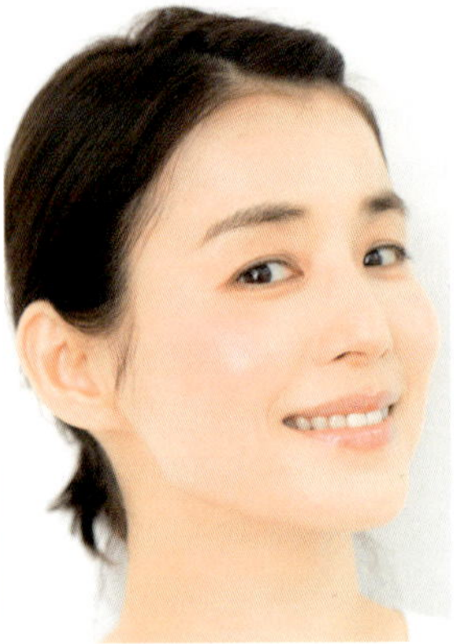

1

基本のベースメイクを仕上げる

基本のベースメイク（P.22〜45）を仕上げる。フェイスパウダーのステップ4（P.44）だけ省略し、より艶を感じさせる仕上がりに調整。

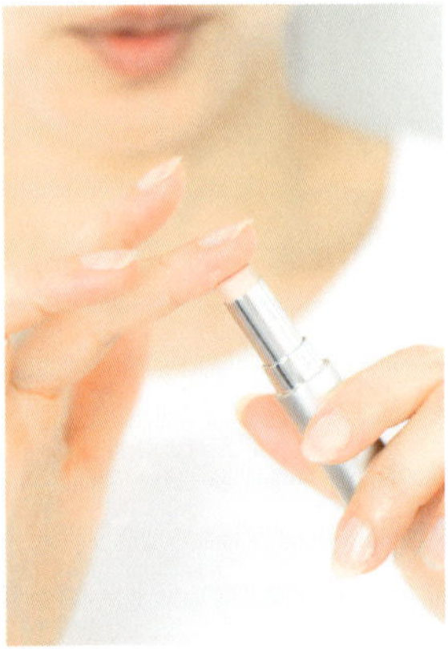

2

スティックハイライトを指にとる

スティックハイライトを指先に薄くとる。スティックから直接つけると量の調節が難しいので、指に適量とってから肌にのせるのが◎。

3

頬骨の高い部分になじませる

頬骨の高い部分に、内側から外側へトントンとなじませていく。シャープなライン状にせずやや広めに入れると、頬に女らしい丸みが出る。

これもおすすめ

Other Items

ボディにも使えるマルチタイプ

顔だけでなくデコルテや脚など全身どこにでも使えるスティックは、1本あると便利。強めのきらめきで華やかな印象。ザ マルティプル 1501N ￥4,800／NARS

ぬれたように自然な艶感

薄くフィットしてくずれにくく、アイシャドウのハイライトカラーとしても使える。繊細なきらめき。チーク スティック リフレクション ￥2,800／ADDICTION BEAUTY

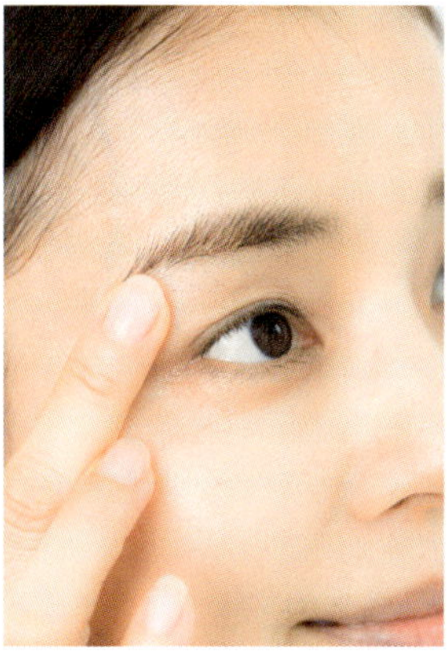

4

眉下の高い部分にも少量なじませる

指にハイライトを足さず、眉下の高い部分（眉骨の上）に軽くなじませる。目元にメリハリと立体感が出て、小顔効果も。

5

あご先にもほんの少量のせて

そのままの指で、さらにあご先にも軽くなじませる。肌の艶を強調するだけでなく、中心に光を集めて輪郭をシャープに見せる効果も。

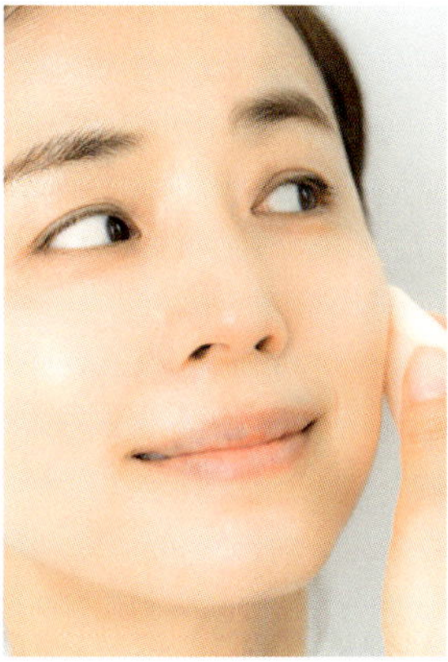

6

境目をスポンジでなじませる

リキッドファンデーションスポンジ（P.18）を使い、ハイライトをのせた部分の境目をぼかす。これで肌に溶け込み、まろやかな艶感に。

素肌そのものを美しく見せるオイルの艶

パールでなくオイルのみずみずしい艶で、素肌が潤っているかのように見せる。しっとりした仕上がり。ルナソル グロウイングデイスティック 01 ￥3,000／カネボウ化粧品

□ 会議やプレゼンなどに出席する日
□ 子どもの学校行事に参加する日
□ 賢く知的に見せたいとき

さらっと マニッシュ肌

艶肌は女性の魅力を底上げしてくれますが、ミニマムな装いにしたいときは、逆に肌の存在感を抑えたセミマット肌がおすすめ。しっとりしたパウダーファンデーションをブラシでさらりと纏って。

使うのは…

パウダーファンデーション

粉っぽくなくしっとりつくものがおすすめ。これはスキンケア成分を贅沢に配合し、みずみずしくキメの整った肌を作る。ブラシでつけるとふんわり薄づきに。クレ・ド・ポー ボーテ タンプードルエクラ SPF22・PA++ 全8色 各¥13,500（ケース・ブラシ込み）／資生堂インターナショナル

How to make-up

→ 使用アイテムの詳細はp.55

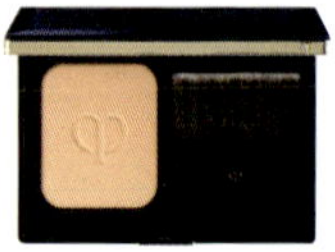

1

基本のベースメイクの下地まで仕上げる

まずは下地を、基本のベースメイクと同様に塗る（P.22〜25）。パウダーファンデーションがムラづきしないよう、しっかり密着させて。

2

ファンデーションをブラシにとる

パウダーファンデーションを付属のブラシにとる。ブラシの毛先をファンデーションに垂直にあて、毛先全体へ薄く均一に含ませる。

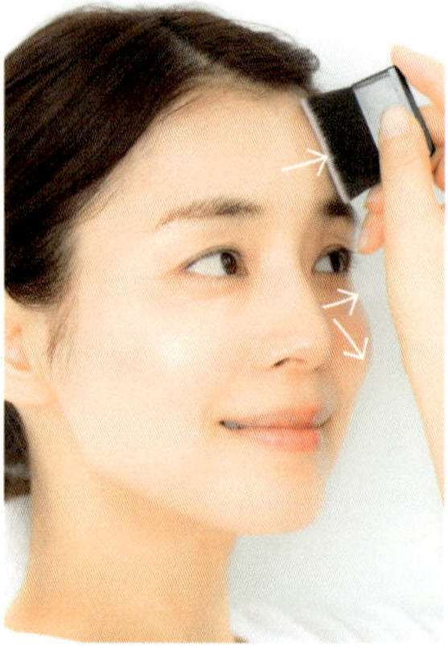

3

半顔ずつ仕上げていく

ブラシを頬の内側にあて、外側に向けて動かす。徐々に下にずらしながら頬を仕上げる。続けて額も内側から外側に、半顔を塗る。

これもおすすめ

Other Items

テカリが気になる肌に

乾かないのに汗・皮脂にも強いのがうれしい。ルナソル スキンモデリングパウダーファンデーション SPF20・PA++ 全6色 各￥5,500（ケース込み）／カネボウ化粧品

高いカバー力と艶を両立

アミノ酸系のパウダー使用。しっとりなじんで乾かない。AQ MW エレガントグロウ パウダーファンデーション SPF25・PA++ 全7色 各￥11,000（ケース込み）／コスメデコルテ

4

フェイスラインを ぼかし込む

ブラシをフェイスラインにあて、首に向けてぼかし込む。これで半顔が完成。もう半顔も、2〜4と同様の手順で仕上げる。

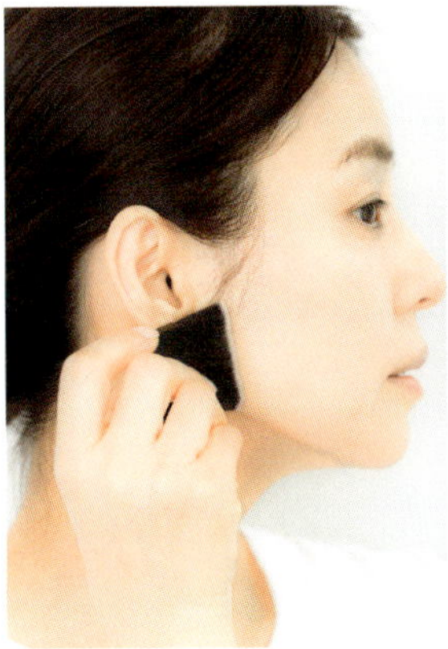

5

気になる部分に 重ねづけ

最後に、ブラシにファンデーションを少量足し、色ムラの気になる部分に重ねる。質感が異なるコンシーラーは使わず、重ねづけでカバー。

別売のブラシを使って

上で使用したパウダーファンデーションの別売ブラシ。平筆でつけやすい。クレ・ド・ポー ボーテ パンソー（タンプードル） ￥2,000／資生堂インターナショナル

- □ 家族やパートナーとくつろぐ休日
- □ オフィスで1日中過ごす日
- □ カジュアル、リラックス感のある服を着る日

柔らか
リラックス肌

今日はすっぴんなの? と思わせるほど
薄く、ヘルシーな艶肌。肌に寄り添う
エマルジョンファンデーションで作ります。
カジュアルな装いで過ごすときは、こんな
軽やかな肌で自分も周囲も心地よく。

使うのは…

エマルジョンファンデーション

スキンケア成分を贅沢に配合したクリームをコンパクトに収めたエマルジョンファンデーション。薄くのびてしっかり保湿されるのに、表面はサラッと軽やか。ミネラルクリーミーファンデーション SPF20・PA++ 全7色 各10ｇ ￥6,500（ケース込み）／MiMC

How to make-up

→ 使用アイテムの詳細はp.59

1

基本のベースメイクの下地まで仕上げる

まずは下地を、基本のベースメイクよりやや少なめに塗る（P.22～25）。エマルジョンファンデーションは油分が多いので、下地を薄く。

2

ファンデーションをスポンジにとる

エマルジョンファンデーションを付属のスポンジにとる。スポンジの1/2面に薄くとった量で半顔分。量が多いと厚塗りになるので注意。

3

半顔ずつ仕上げていく

スポンジを頬の内側にあて、外側に向けて動かす。徐々に下にずらしながら頬を仕上げる。続けて額も内側から外側に、半顔を塗る。

これもおすすめ

Other Items

テカリを抑えて上質な肌に見せる

ほど良く艶を抑えたベルベットのような質感。テカりやすい人におすすめ。ラディアントクリームコンパクトファンデーション 全12色 各12g ¥6,000（ケース込み）／NARS

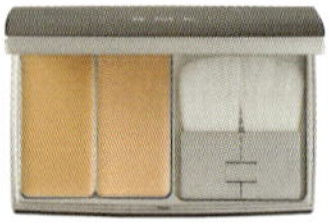

ひとつで完成度の高い肌が作れる

色と質感の異なる2種を重ねて、立体感のある艶肌に。カジュアルソリッド ファンデーション a/b SPF38・PA+++（aのみ） レフィル 各¥2,000、ケース¥1,500／RMK Division

4

フェイスラインを ぼかし込む

スポンジをフェイスラインにあて、首に向けてぼかし込む。これで半顔が完成。もう半顔も、2〜4と同様の手順で仕上げる。

5

気になる部分に 重ねづけ

最後に、スポンジにファンデーションを少量足し、色ムラの気になる部分に重ねる。リラックス肌なので、ざっくりある程度カバーできればOK。

スキンケアしながら肌を守る

美白シリーズのBBバームをコンパクトにイン。薄く軽やかなつき。クレッセント ホワイト BB バーム SPF30・PA++ 10ｇ ¥5,500／エスティ ローダー

Column 2

メイク前のスキンケアはつけすぎ注意。肌がしっとり潤う程度に

朝のスキンケアは、ベースメイクの一環と考えています。スキンケアできちんと保湿してコンディションを整えておくと、ベースメイクの仕上がりが全然違うからです。コツは、化粧水で水分をたっぷり与え、美容液や乳液をつけすぎないこと。たくさん塗っても肌に浸透する量は限られているので、肌の上に残ったものがメイクのノリを邪魔したり、くずれの原因にもなります。皮脂が出ない乾燥肌の方は、オイルやクリームで油分を補ってください。内側からのきれいな艶が出ます。ただしこちらも、つけすぎには注意しましょう。

メイクの仕上がりが変わる基本3品

3 2 1

仕事のメイクボックスに常備しているのは
「d プログラム」の化粧水、乳液、クリーム。
キメをふっくら整え、ツヤを出してくれます。

「d プログラム」は敏感肌や不調肌用のスキンケアシリーズ。愛用している乾燥肌向けの「モイストケア」は肌にすぐ浸透して保湿力が高く、担当している女優さんたちにも好評。1.dプログラム モイストケア ローション W（医薬部外品）125mℓ ¥3,500　2.同 モイストケア エマルジョン R（医薬部外品）100mℓ ¥3,800　3.同 モイストケア クリーム（医薬部外品）25g ¥4,000／すべて資生堂インターナショナル

乾燥肌にはオイルやクリームでツヤをプラス

2 1

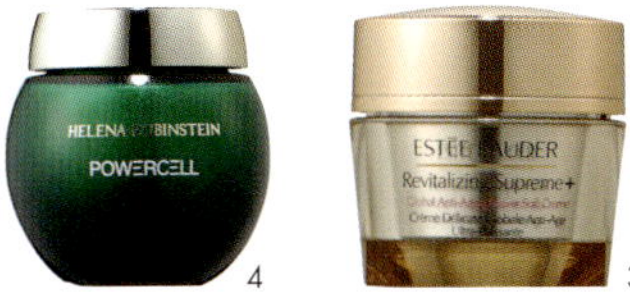

4 3

オイルは化粧水の前か後に、クリームは
仕上げに使用。ベタつかずふっくら整うもの、
香りのいいものをメイクボックスに。

1.美容成分を閉じ込めたオイル。プロディジー セイクリッドオイル 30mℓ ¥20,000／ヘレナ ルビンスタイン　2.香りの良い精油をブレンド。くすみをケアして透明感とハリのある肌に。ゴールデンドロップス 15mℓ ¥7,000／SHIGETA　3.テクスチャーが軽く、メイク前にうってつけ。シュープリーム プラス トータル クリーム 73g ¥15,500／エスティ ローダー　4.潤いを閉じ込め、なめらかなツヤ肌に。さまざまな美容成分が寝不足の肌にも効く。P.C. クリーム 43g ¥19,000／ヘレナ ルビンスタイン

Eye Make-up

2

アイメイク

まぶたがハリを失って、徐々に目にかぶさってくる大人の目元。昔より目が小さく見える、まぶたが重い、垂れ目になった……。そんな自覚がある方は、アイメイクを見直して、大人仕様に変えましょう。

若いときの目元に戻ろうとせず、今の自分を最大限生かしたメイクをすることが大切です。目力を復活させるべくアイラインや締め色シャドウを太く入れても、重いまぶたで隠れてしまうだけ。それよりも、繊細なグラデーションで奥行きを出したり、目尻のラインをほんの少し長くしたりといった工夫で、目元はぐんと素敵になります。

基本はベージュ系でニュートラルに。ときにはカラーのアイシャドウで変化をつけると、フレッシュに見えますよ。

基本のアイメイクに必要なアイテムリスト

Eye Shadow
アイシャドウ

クリームでハリを、濃淡パウダーで立体感と明るさを引き出す

色や質感が異なるベージュ3種を重ねることで、ごく自然なハリと立体感を表現します。締め色を使わないことに驚くかもしれませんが、強さを失った大人のまぶたには、繊細なグラデーションが功を奏するのです。

〈右上〉まぶたにしっとりなじみ、繊細に輝くライトベージュ。クレ・ド・ポー ボーテ オンブルプードルソロ 204 ￥3,800／資生堂インターナショナル　〈左上〉セミマットなベースに繊細なシルバーラメ入り。オンブル・クチュール 2 ￥3,700／パルファム ジバンシイ　〈下〉ゴールドパールが明るさと陰影を。ザ アイシャドウ マジックフルート ￥2,000　ADDICTION BEAUTY

Eye Shadow Blush

アイシャドウブラシ

パウダーアイシャドウを柔らかく
繊細にのせるのに欠かせない

私が「これがないと仕事にならない」というほど愛用しているのが、毛足の長い丸筆のアイシャドウブラシ。パウダーアイシャドウが柔らかくまぶたに溶け込み、アイホールに自然な立体感が出ます。

先端が丸く整えられた、毛足の長い天然毛ブラシ。#224 テーパード ブレンディング ブラシ ￥5,300／M・A・C

Eye Liner

アイライナー

目の際になじみ込みながら強さを出す、ブラウンと黒の2本使い

アイライナーは、ブラウンのペンシルと黒のリキッドの2本を用意。ブラウンで描いた後、その内側を黒で埋めるというダブル使いで自然な強さと奥行きのある目元を簡単に作ることができます。

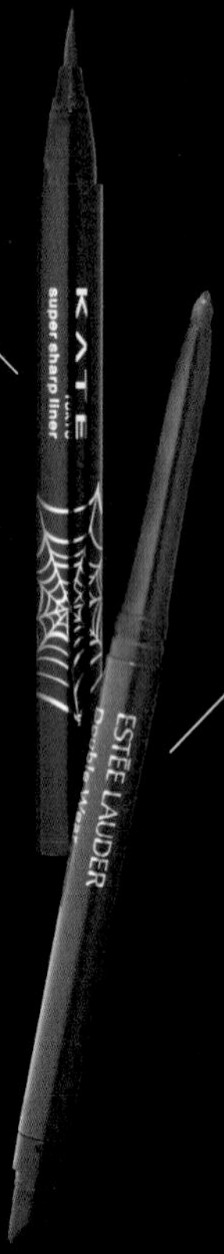

〈右〉深みのあるブラウン。描きやすくにじみにくい。ダブル ウェア インフィニット ウォータープルーフ アイライナー 02 ¥2,800／エスティ ローダー 〈左〉にじみにくくも価格も◎。ケイト スーパーシャープライナーA BK-1 ¥1,000／カネボウ化粧品

Mascara
マスカラ

長くするのではなく、根元を密にする漆黒の1本を

年を重ねるごとに細くまばらになるまつげを密にする、漆黒のボリュームタイプがおすすめです。お湯で落とせるフィルムタイプは液がゆるくカールが落ちやすいこともあるので、ウォータープルーフタイプがベター。

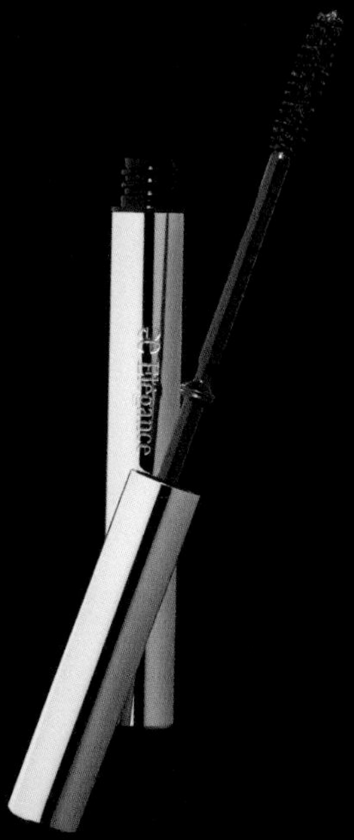

2種の繊維がまつげに密着し、繊細な仕上がり。スマートラッシュ マスカラ BK10 ￥4,000／エレガンス コスメティックス

Eyebrow Powder

アイブロウパウダー

ふわっと自然な太さを出すには アイブロウパウダーが必須

自然な太さがあり、目との距離が狭い眉は、表情を生き生きとフレッシュに見せてくれます。自眉の状態によって描き方は人それぞれですが、濃淡のブラウンが入ったアイブロウパウダーは万能に使える必須アイテム。

2色のパウダーで自分にぴったりの色が作れる。ブロー ナウ オール イン ワン ブロー キット 02 ¥4,800／エスティ ローダー

Eyebrow Liquid

アイブロウリキッド

毛のない部分へ自然に“植毛”。
立体感のあるフサフサ眉に

眉尻が薄かったり、全体に毛がまばらだったりする眉に活躍するのがアイブロウリキッド。ペンシルより自然に、1本1本植毛するように描くことができます。リアルな毛のように見えるダークブラウンかグレーを。

薄づきで、少しずつ描き足せば濃さが自在に調整できる。リキッド アイブロウ シナモン ¥2,200／ADDICTION BEAUTY

アイシャドウの塗り方

Eye shadow

繊細なベージュを
指やブラシで柔らかく重ねて

大人のまぶたに寄り添いながら、ハリと立体感を出してくれるベージュの3色使い。まず下地としてコーラルベージュのクリームシャドウを使い、肌に密着する膜でまぶたの質感にハリを与えます。そこにコーラルベージュのパウダーシャドウをブラシで柔らかくのせ、眉下をライトベージュで明るく引き立てて。コーラルの赤みがまぶたをヘルシーに彩り、フレッシュな目元に仕上がります。

How to make-up

→ 使用アイテムの詳細はp.66、67

1

クリームシャドウを
アイホールに指でなじませる

コーラルベージュのクリームシャドウを中指の腹にとり、アイホール（目を閉じて指で触れたとき眼球の丸みを感じる部分）全体に薄くなじませる。外側の境目を薬指で軽くぼかし、まぶたに溶け込ませて。

2

コーラルベージュのパウダーシャドウを重ねる

コーラルベージュのパウダーシャドウをアイシャドウブラシにとる。クリームシャドウを入れた範囲に重ねるように、ブラシでパウダーをふわっとのせる。ブラシにパウダーを足さずに数回重ね、発色させる。

3

コーラルベージュのパウダーで涙袋を自然に強調

手持ちの細いチップ（おすすめの別売チップはP.95に）の先にコーラルベージュのパウダーシャドウをとる。下まぶたの際に細くライン状に入れ、涙袋の陰影を自然に起こす。

これもおすすめ Other Items

色白に似合う甘めコーラル

くすみのない明るい印象のコーラルベージュ。色白の方に。ピュア カラー エンヴィ アイシャドウ 30 ￥3,500／エスティ ローダー

みずみずしいリキッドタイプ

薄くピタッとなじみ、繊細なきらめきでハリと立体感を演出。長時間乾かない。ウイスパーグロスフォーアイ 01 ￥3,300／THREE

ベージュのクリームシャドウ

パールなしのマットな質感

肌のハリ感を底上げし、シックな目元に整えてくれる。プロ ロングウェア ペイント ポット レーイン ロー ￥3,000／M・A・C

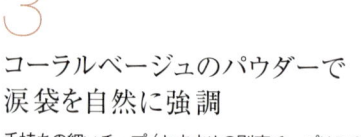

ベースメイクまで

＋アイシャドウ

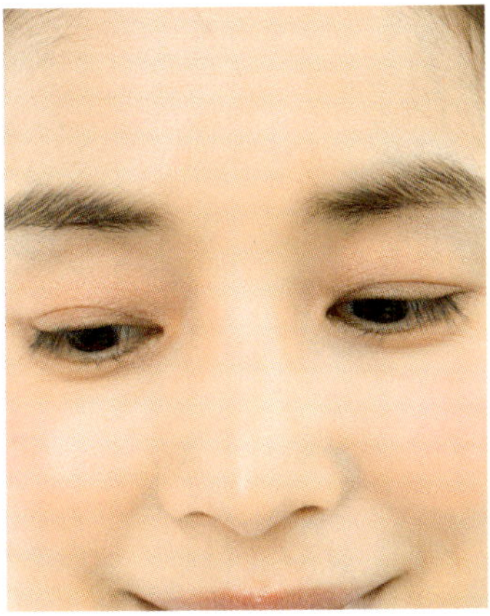

アイシャドウ完成

やや重く感じる素のまぶたが、クリームシャドウのハリ感やコーラルベージュの彩りで強さをもち、ハリのなさが気にならない。

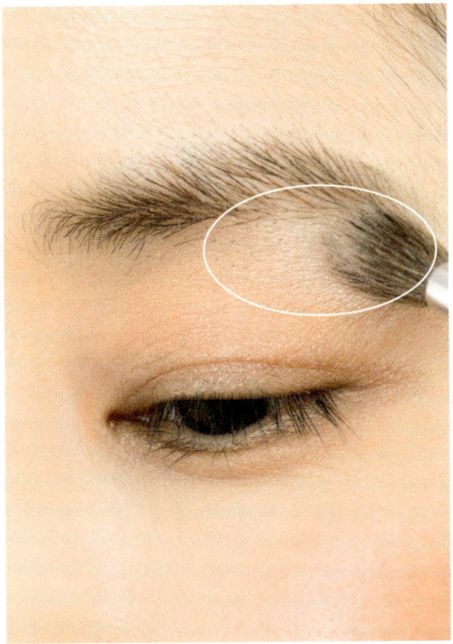

4

ライトベージュのパウダーシャドウで眉下を明るく

ライトベージュのパウダーシャドウをアイシャドウブラシにとり、眉山の下に入れる。コーラルベージュのシャドウに少し重なる程度に、やや広めに入れて。骨格の立体感を強調しつつ、目元を明るい印象に。

ライトベージュのパウダーシャドウ

立体感を強調したいなら

大小のゴールドパールが強めに輝き、立体感と華やかさをプラス。ルナソル ライティングアイズ 07 ￥2,500／カネボウ化粧品

ぬれたように上質なきらめき

色はほとんどつかず、きらめきと立体感をまぶたに添える。AQ MW シングル アイシャドウ BE350 ￥1,500／コスメデコルテ

コーラルベージュのパウダーシャドウ

ライトベージュもセットに

右がコーラルベージュ、左がライトベージュ。ミラーもついて使いやすいセット。デュオアイシャドー 3065 ￥4,200／NARS

アイラインの塗り方

Eye line

まぶたに溶け込むブラウンが主役。黒を内側に隠し入れる

アイライナーを2本使うなんて、面倒に感じるでしょうか？　でも一度やってみると、むしろ手早くテクニックいらず、そして自然に目力を強調できる仕上がりに手放せなくなるはず。ラインのシルエットは肌になじみやすいブラウンのペンシルで作り、その内側をさらに黒のリキッドで引き締めます。黒だけだと強すぎ、ブラウンだけだとぼやける大人の目元に、最強の2本使いです。

How to make-up

→ 使用アイテムの詳細はp.68

1

ブラウンペンシルで目尻から描き始める

ブラウンのペンシルアイライナーを上まつげの目尻よりやや外側にあて、上まぶたの際に目の中央までラインを描く。太さは1.5〜2ミリ程度、二重まぶたなら二重の幅が埋まらないように注意して。

2

目頭からつなげて1本のラインにする

ペンシルアイライナーを上まぶたの目頭にあて、1で描いたラインの終点に向けて同じように描く。1のラインとつなげ、1本のラインに。目尻を始点にするとラインの長さを決めやすく、失敗が少ない。

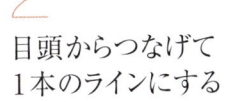

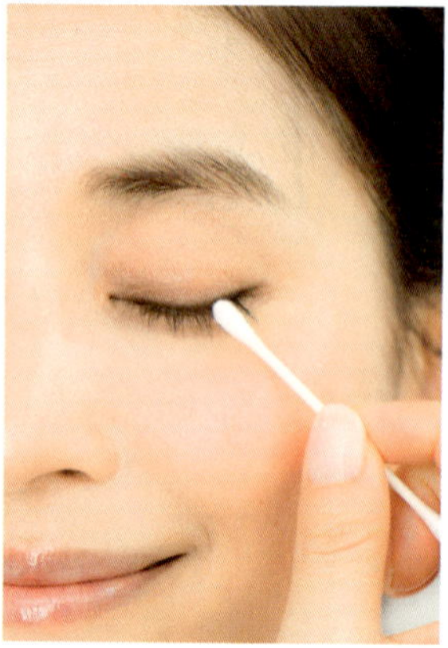

3

綿棒で外側をぼかし まぶたに溶け込ませる

綿棒で、描いたラインの外側の輪郭をぼかす。シャドウラインのようにまぶたに溶け込み、目元が引き締まった印象に。

4

黒リキッドでまつげの生え際を埋めていく

手鏡を下に持って見下ろすとまつげの際がよく見える。目頭に黒のリキッドアイライナーの先端をあて、点を描くように生え際を埋めていく。

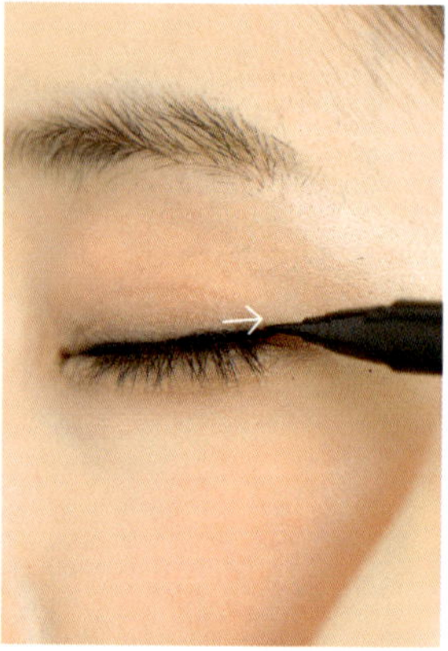

5

目尻のラインを2〜3ミリ外側へのばす

点々と埋めていって目尻まできたら、まつげの外側に2〜3ミリ、斜め上向きのラインを描く。はね上げすぎると不自然に見えるので注意して。

これもおすすめ Other Items

引き締め効果が頼もしいダークブラウン

しっかり目力を出したいなら、落ち着いたチャコールブラウンをセレクト。見た目通り濃密について、にじみにくい。AQ MW ラスティング ジェル アイライナー BR 301 ¥3,500／コスメデコルテ

目力が強いなら軽めのブラウンを

軽やかで抜け感のあるブラウン。お尻にラインを整えるためのチップがついていて、綿棒の代わりに使える。ルナソル スタイリングジェルアイライナー 02 ¥3,000（ホルダー込み）／カネボウ化粧品

アイシャドウまで

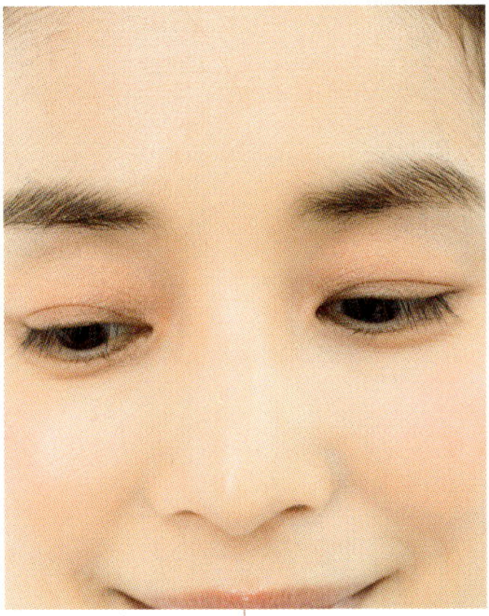

↓

＋アイライン

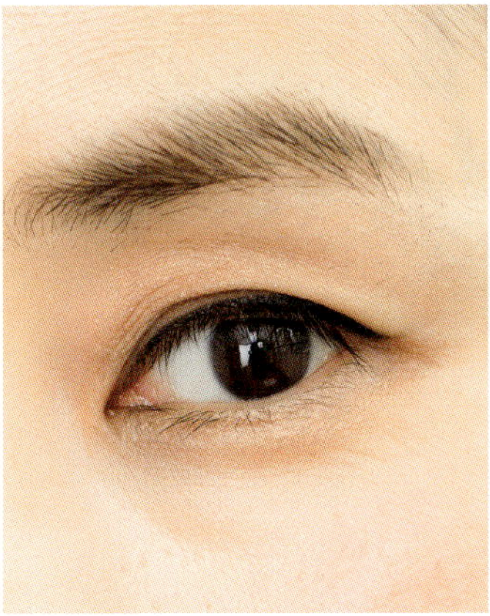

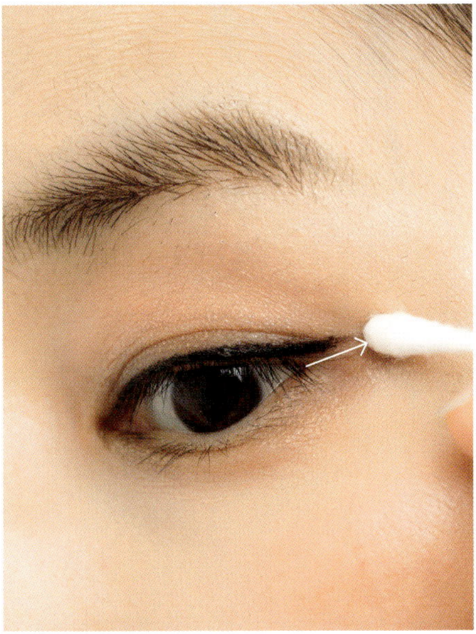

6

目尻のラインをぼかしてなじませる

綿棒を目尻のラインの下側にあて、すっと外側に引いて、なじませつつのばす。ラインのガタつきも修正でき、清潔感のある仕上がりに。

アイライン完成

目の際に黒〜ブラウンの狭いグラデーションができ、奥行きと自然な強さのあるまなざしに。目尻のラインでリフトアップ効果も。

さりげなさが魅力のマットブラック

お尻のボタンを押すと適量が含まれる。マットで上品な黒は、さりげなく目元を強調したい方にぴったり。SHISEIDO オートマティック ファイン アイライナー BK901 ￥3,000／資生堂インターナショナル

目力を高める漆黒リキッド

まつげの際に軽く触れるだけで、漆黒のラインが簡単に。汗、水、皮脂に強く、こすれにも強いので奥二重におすすめ。キャンメイク ストロングアイズライナー 01 ￥800／井田ラボラトリーズ

マスカラの塗り方

Mascara

際に液をたっぷりためれば、エクステより自然に増毛が可能

自まつげが細くてまばらでも、諦めないで。マスカラのつけ方次第で、密集したフサフサまつげをつくることは可能です。コツは、根元に液をしっかりとためること。マスカラの重みでまつげが下がらないよう、まつげカーラーでしっかり上げておきましょう。どうしてもボリュームが出にくいなら、マスカラ下地を使うのも◎です。

How to make-up

→ 使用アイテムの詳細はp.69

1

上まつげの中央の根元にマスカラをあてる

上まつげをカーラーで持ち上げ、中央からつけ始める。マスカラのブラシをまつげの根元にぐっと差し込み、生え際をキャッチする。鏡を正面から見てあごを少し上げると、ブラシを差し込みやすい。

2

根元でブラシを左右に動かし液をたっぷりつける

そのまま根元でブラシを左右に5〜10往復させる。まつげがまばらな人は、ここでしっかりブラシを往復させ、マスカラ液を根元にたっぷりつけて。

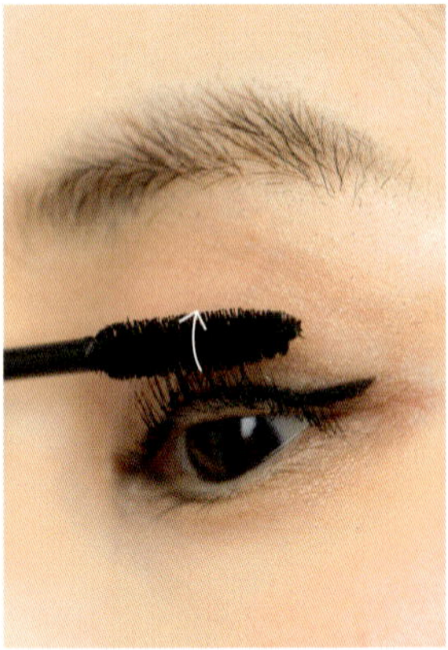

3

毛先に向けてすっと
ブラシを抜く

ブラシを毛先に向けてまっすぐ動かして抜く。ここでジグザグ動かしてしまうと、まつげ同士がくっついてきれいに仕上がらないので注意。

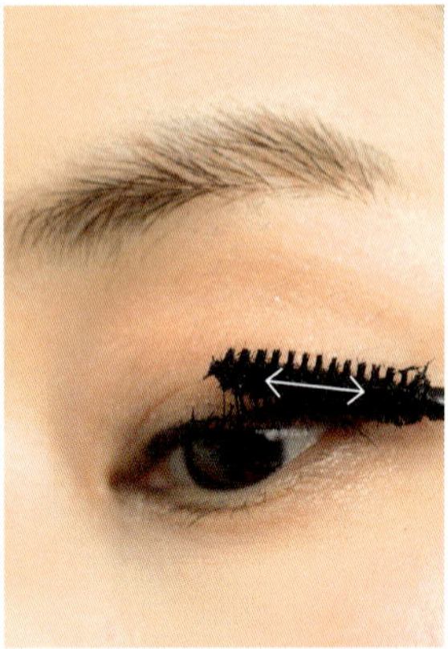

4

目尻、目頭側も
同様に繰り返す

ブラシをボトルに入れて再度液を含ませ、目尻側のまつげで1〜3を繰り返す。目頭側にも同様にして、上まつげ全体にマスカラを塗る。

5

ブラシの先端でまつげを
ほぐし、形を整える

ブラシをボトルに入れて再度液を含ませる。先端をまつげと並行にあて、全体をブラッシングするように固まりをほぐし、形を整える。

これもおすすめ Other Items

短い日本人のまつげを自然に太く、長く

小さいブラシで塗りやすく、自然なボリュームと先細りの上品な毛先を作る。フィルムタイプだけれどカール力も優秀。ラッシュ パワー マスカラ ロング ウェアリング フォーミュラ 01 ￥3,500／クリニーク

セパレート&カールアップ効果が大

まつげを扇状に広げながらボリュームアップさせ、欠点のない美しさに仕上げる。皮脂や湿度に強く、夜までにじみ知らず。サンプチュアス ノックアウト マスカラ 01 ￥4,000／エスティ ローダー

アイラインまで

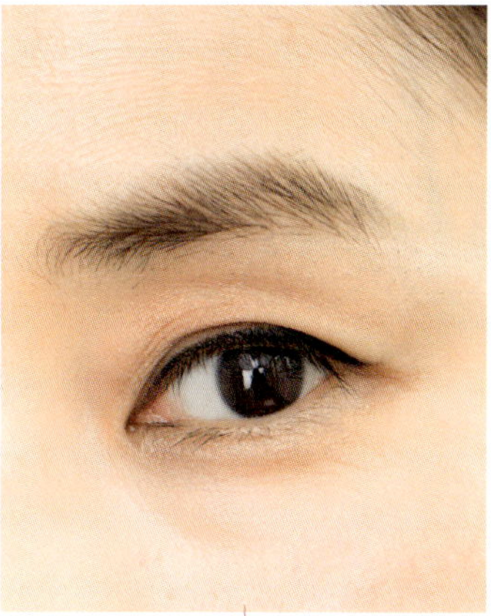

＋マスカラ

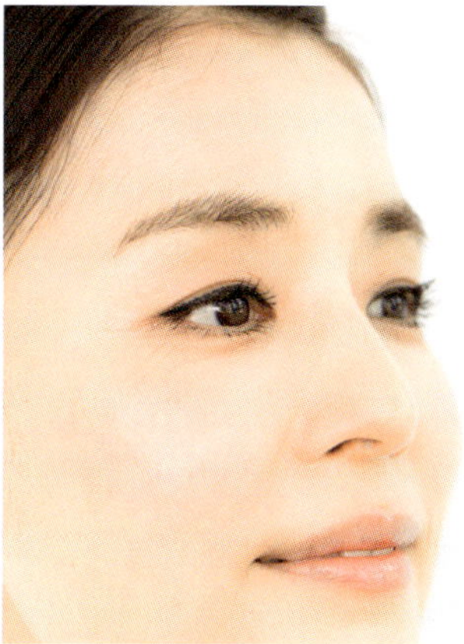

マスカラ完成

まつげは唯一の3Dパーツ。マスカラで強調すると目元の奥行きがぐっと深まる。カールアップさせることで表情が明るくなる効果も。

6

下まつげには さらっとつけるだけに

ブラシをボトルに入れて再度液を含ませる。ブラシの先端を使って下まつげ1本1本にサッと軽くつける。下まつ毛の存在が強まればOK。

カール力も安心のフィルムタイプ

こちらもフィルムタイプながらカール効果は大。ボリューム感はほど良く、1本1本繊細なまつげに仕上げたい方におすすめ。AQ MW エレガント マスカラ BK 001 ￥3,500／コスメデコルテ

根元を際立たせる漆黒の液とブラシ

コームと突起状ブラシのダブルサイドになったブラシが、根元を濃密に、毛先を繊細に仕上げる。ラッシュ クイーン ミスティック ブラックWP 01 ￥4,800／ヘレナ ルビンスタイン

眉の描き方

Eyeblow

パウダーで全体の形を作り、毛のない部分をリキッドで足す

「自分の顔を最大限生かす」を合言葉にしている私のメイクですが、眉ばかりはそうもいきません。なるべく自眉を抜かずに生やすことは大切ですが、毛が生えてこないという方も多いようです。アイブロウパウダーでやや太めにシルエットを整え、毛のない部分はアイブロウリキッドで描き足して。

眉は鏡を遠くから見て描くと、太さや形など、全体のバランスをとりやすくなる。

How to make-up

→ 使用アイテムの詳細はp.70、71

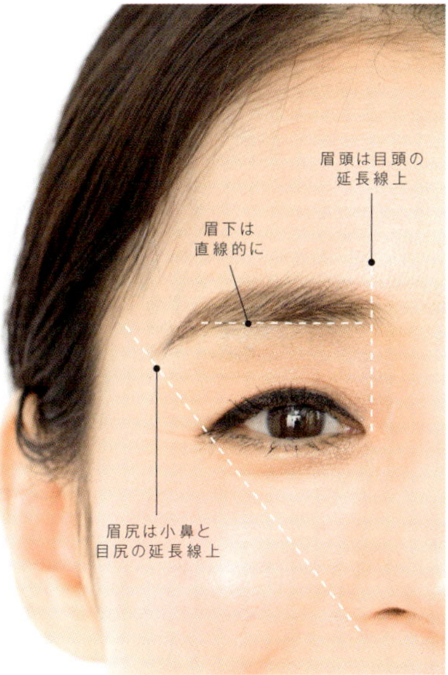

1

まずは描く眉の理想の形を確認

眉尻の長さは、小鼻と目尻の延長線上に。眉頭は目頭の延長線上にとる。ポイントは眉下と眉山で、眉下は毛がない場合は太めに描き足し、直線的に。眉山はあえて作らず、緩やかなカーブを描くように整える。

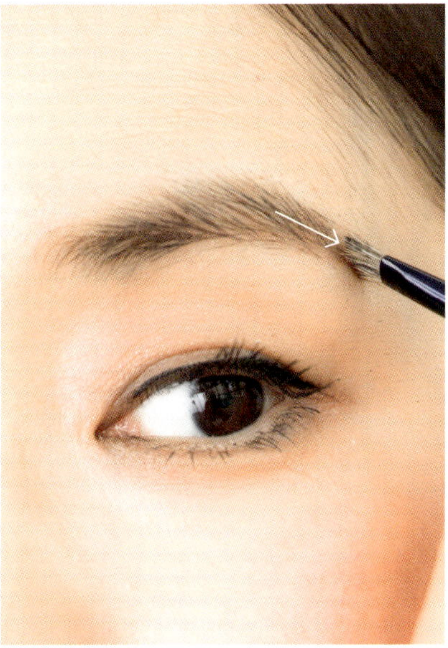

2

アイブロウパウダーを眉山〜眉尻にのせる

付属のブラシにアイブロウパウダー(左の明るいブラウン) を含ませ、いったん手の甲にとって量を調整する。眉山から眉尻に、眉のシルエットを形作るようにふんわりとパウダーをのせる。

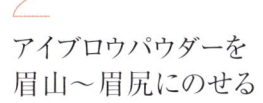

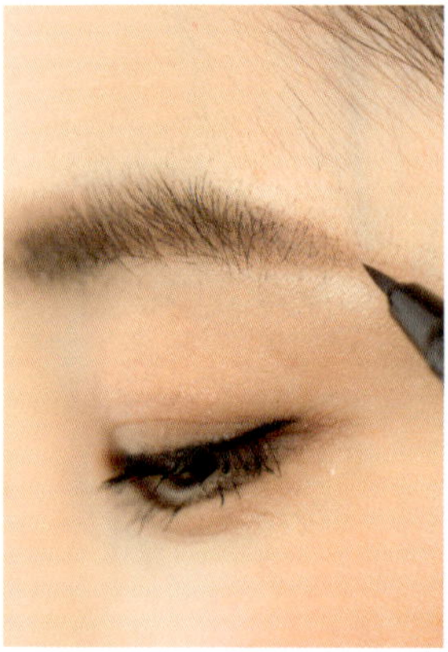

3
眉頭のやや外側から眉山に向けてのせる

ブラシにパウダーを足さず、眉頭のやや外側から眉山に向けてふんわりとパウダーをのせる。自眉が細い人は下側に太さを足すようにして。

4
眉頭を内側に向けてぼかし込む

ブラシにパウダーを足さず、3の始点から、今度は内側に向けてブラシを動かす。うっすら残っているパウダーで眉頭の立体感を演出。

5
毛のない部分をリキッドで描き足す

アイブロウリキッドで眉尻や眉の下側など、毛を足したい部分を描き足す。毛流れに沿って、1本1本細く繊細なラインを描いて。

これもおすすめ Other Items

毛流れを整えるクリーム入り

右はクリームカラー。スクリューブラシで毛流れを起こすようにつける。アイブロウ パレット 02 ¥4,500／レ・メルヴェイユーズ ラデュレ

メイク直しにも便利なパレット

眉尻のラインも描けるダークカラーと細いブラシ入り。パーフェクト ブロウ パウダー WN50 ¥4,000／エレガンス コスメティックス

自分に合わせて色をブレンドできる

落ち着いた配色。左端のライトカラーはノーズシャドウとして。ルナソル ブラウスタイリングコンパクトN BR03 ¥3,800／カネボウ化粧品

+1step

下向き眉は透明マスカラで上げる

自眉が下向きに生えていると、顔が寂しげに見えてしまう。眉を描いた後、透明マスカラで眉頭の毛を立ち上げると明るい表情に。

マスカラまで

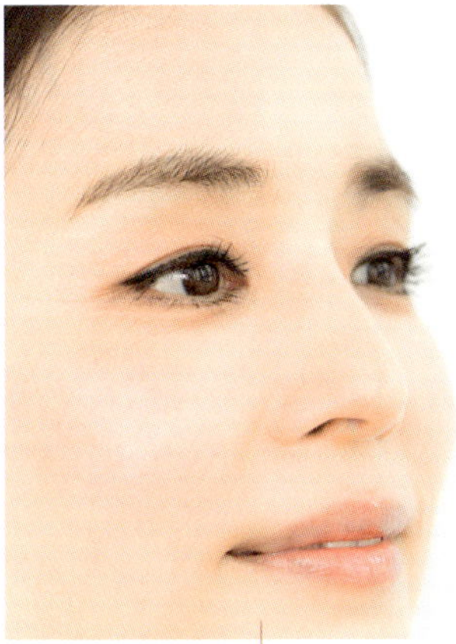

↓

＋アイブロウ

アイブロウ完成

やや短めの太め眉は、生き生きとフレッシュな印象。眉のフレームによって顔全体が引き締まり、目元に立体感が出て小顔効果も。

皮脂やこすれに強く眉尻がずっと消えない

髪が触れても落ちにくく、夏の皮脂くずれにも強い。コシのあるフェルトペンタイプで描きやすく、自然な仕上がり。キャンメイク アイブロウリキッド 02 ￥500／井田ラボラトリーズ

チップ式パウダーつきのマルチアイブロウ

チップのパウダーを全体にのせ、リキッドで足りない部分を描き足す。携帯用に便利。ファシオ パーフェクトアイブロウN（リキッド＆パウダー）BR300 ￥1,500／コーセーコスメニエンス

基本のアイメイク

Finish

目の際に作った繊細なグラデーションラインが、
なじみながら目力を強調。ベージュのまぶたは
深みがあるのに明るく、時間がたっても
目元をくすませません。

アイメイク応用編

アイメイクに色を使って フレッシュに、新しい自分

基本のアイメイクでは、肌になじんでシーンを選ばずに使いやすいベージュをご紹介しましたが、大人には色を使ったアイメイクも似合います。撮影ではブルーやレッド、グレーなど、衣装に合わせた色でアイメイクをすることもありますが、ふだんはきりっとした女優さんでも、とてもかわいらしく見えるんです。と言っても大人ですから色はあくまでほんのりと感じさせる程度ですが、透明感や甘さなど色の持つ特性が顔立ちにプラスされ、いつもと違う新鮮な雰囲気に。おすすめしたい3つのカラーの使い方をご紹介します。

'Mauve

女性らしい柔らかな
雰囲気を纏うモーヴカラー

ラベンダーにグレーが混ざったような
ニュアンスカラー、モーヴ。
落ち着いた色合いなので抵抗なく使え、
初心者にもぴったりです。女性らしさと
知的さが同居する大人の雰囲気に。

How to make-up

基本のアイシャドウの1 (P.73) の後、左のモーヴアイシャドウをアイホールに。基本のアイライン (P.77～79) を、ブラウンアイライナーの代わりに右のモーヴアイライナーを使って仕上げる。マスカラは基本 (P.81～83) と同じ。〈右〉ベルベットシャドースティック 8258 ￥3,200　〈左〉シングルアイシャドー 2036N ￥2,500／ともにNARS

モノトーンの服にピンクをひとさし。コワくなるのを回避

ファッションをモノトーンでまとめた日。意図せずして近寄りがたいと思われてしまうことも……。そんなときに活躍するのが淡いピンクのアイシャドウ。優しい甘さや抜け感を足してくれます。

Pink

How to make-up

基本のアイシャドウの1 (P.73) の後、左のピンクアイシャドウをアイホールに。基本のアイライン (P.77~79) を、ブラウンアイライナーの代わりに右のボルドーアイライナーを使って仕上げる。マスカラは基本 (P.81~83) と同じ。〈右〉メズモライジング パフォーマンス アイライナーペンシル 08 ￥3,000／THREE 〈左〉AQ MW シングル アイシャドウ PK852 ￥1,500／コスメデコルテ

涼やかなライトブルーが顔立ちの透明感を生む

サーファーメイク時代のブルーとは違います。今どきのブルーシャドウはシアーで艶があり、くすみがちな大人の顔に透明感や清潔感をプラス。ペールトーンの服に合わせて。

Blue

How to make-up

基本のアイシャドウの（P.73）の後、ブルーシャドウをアイホールに。アイラインとマスカラは基本（P.77〜79、81〜83）を。クレ・ド・ポー ボーテ オンブルプードルソロ 207 ￥3,800／資生堂インターナショナル

Column 3

良質な道具があれば、それだけでメイク上手

メイク上手になりたいと思ったら、良質な道具をそろえることを始めましょう。特に面積の広い頬やまぶたに使うブラシが優秀だと、それだけで色を薄く均一にのせることができます。ファンデーションスポンジやアイシャドウチップなども、良質なものを使うと仕上がりが格段に上がったり、時短になったりと、メリットはたくさんあります。とはいえ、付属のブラシやチップなどがダメということではありません。最近は素材も作りも上質なものがたくさん出ていますし、外出先ではやはり便利。状況に合わせて使い分けましょう。

この本で紹介している私の愛用道具一覧

広い部分に使うアイテムこそ、肌あたりや使い勝手の良さが大切。使うコスメはさまざまでも、これさえあれば大丈夫と思わせてくれる道具たちです。

アイシャドウブラシ

p.067

チークブラシ

p.099

パウダーブラシ

p.021

リキッドファンデーション用スポンジ

p.018

ほかにこんな道具も便利です

アイブロウブラシ

最近のアイブロウパレットは、付属のブラシも凝っていてとても優秀。でもうまく描けないときは柄が長いものを使うと、コントロールがしやすく仕上がりが違います。

コシの強い毛を使用。毛量が多いので、一度にふわっとパウダーをのせられる。アイブロウ ブラシ ¥3,500／ADDICTION BEAUTY

アイシャドウチップ

アイシャドウをしっかり発色させたいときはチップを使用。このチップはまぶたへのフィット感がよく、手早くメイクが決まります。洗ったり干したりのお手入れもしやすく、便利。

多くのメイクアップアーティストが愛用している、ロングセラーのアイシャドウチップ。まぶたの丸みに添い、発色もいい。〈右〉アイカラーチップ・太 202 ¥800 〈左〉アイカラーチップ・細 201 ¥800／ともに資生堂

Cheek Make-up

3

纏《まと》うチーク

大人の肌には、日々いろいろなことが起こりますよね。ある日は頬の毛穴が目立っていたり、またある日は疲れて法令線がくっきりしていたり、くすみがひどかったり。そんなトラブルを丸ごとカムフラージュして美肌に見せてくれる、それが〝纏うチーク〟＝パウダーチークの良さです。

ふんわり纏うだけで毛穴や法令線などを飛ばし、優しい血色をプラス。とはいえパウダーですから、たくさんのせればマットになって老けてしまう、だから血色を仕込むクリームチーク（P．38～）もかかせません。クリームチークで血色を底上げし、ごく淡い色のパウダーチークで肌を柔らかく包み込む、その役割分担がベスト。メイクのもちもぐんと良くなります。

纏うチークに必要なアイテムリスト

Pink cheek
ピンクチーク

優しく余裕のある雰囲気に見せたいときはライトピンク

纏うチークは、その日のファッションやメイクに合わせて2色持ち、使い分けましょう。優しい雰囲気に見せたい日は、ごくごく淡いライトピンク。パールが強すぎず、適度な艶のあるものを選んで。

Beige cheek
ベージュチーク

知的でクールな雰囲気に見せたいときはライトベージュ

知的に見せたいときは色感を抑えたライトベージュを。シェーディングのような色合いで、ほんのり色を添えながら輪郭を引き締めてみせる効果もあります。目元や口元に色を使ったときにもおすすめ。

〈上〉見た目通りの繊細な色づき。ミニ プレスト チークカラー 08 ￥2,500／レ・メルヴェイユーズ ラデュレ 〈下〉大人を不健康に見せないオレンジベージュ。ルナソル カラーリングシアーチークス 07 ￥5,000（ケース・ブラシ込み）／カネボウ化粧品

Brush for cheek

チークブラシ

頬にフィットしてムラにならない斜めカットのブラシ

丁寧に使えば一生もののチークブラシは、ぜひ良質なものを選んで。ブラシが柔らかすぎると初心者には難しいので、柔らかい中にもコシを感じる毛質で、頬にフィットしやすい斜めカットのものを。

天然毛100%のソフトなブラシ。斜めの毛先が頬の丸みに添う。アングルドチークコントアーブラシ ￥4,500／ローラ メルシエ

ピンクチークで
ふんわり優しい印象に

How to make-up

→ 使用アイテムの詳細は p.98,99

1

まずはチークを入れる位置を確認

仕込みチーク（P.38～）をつけた範囲にやや広く重ねるように、横長の楕円形に入れる。

2

ブラシに含ませ、頬骨の高い部分に

ピンクチークをチークブラシに含ませる。いったん手の甲にとり、量を調節してつけすぎを防ぐ。ニコッと笑ったとき高くなる部分にのせて。

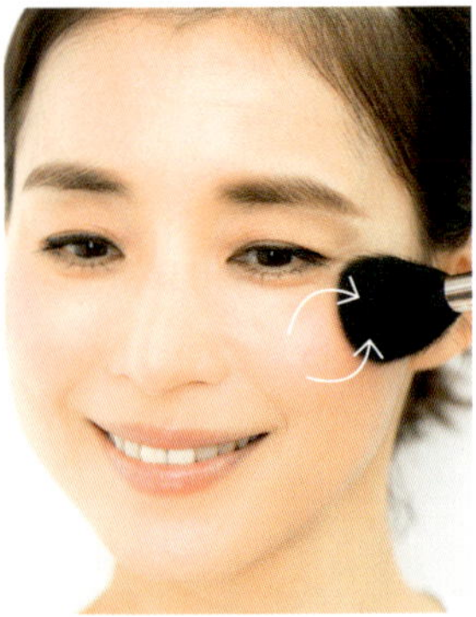

3

外側に向けて丸く広げる

外側に向けて、上下に緩やかな半円を描くようにブラシを動かす。つけすぎは禁物、ほんのり柔らかいピンクのニュアンスが出ればOK。

仕込みクリームチークの血色をライトピンクの
まろやかな甘さが包み込み、若作りとは違う
大人のかわいさを表現。休日はもちろん、
殺伐としがちなオフィスのメイクにもぴったりです。

Finish

これもおすすめ Other Items

ピンク初心者にも使いやすい色

頬をつねったような、という意味の自然なベージュピンク。パウダーブラッシュ ピンチオー ピーチ ￥3,200／M·A·C

肌になじみやすい2色セット

2色混ぜるとなじみよく。クレ・ド・ポー ボーテ ブラッシュデュオ プードル 103 ￥7,000（ケース込み）／資生堂インターナショナル

くすみやすい頬にクリアな発色

見たままのクリアピンクに色づく。色黒でくすみやすい方に。ブラッシュ ラブミートゥルー ￥2,800／ADDICTION BEAUTY

ベージュチークで 知的&クールな雰囲気に

How to make-up

→ 使用アイテムの詳細はp.98,99

1

仕込みチークの外側を引き締めるように入れる

まずはベージュチークを入れる位置を確認。仕込みチーク（P.38～）をつけた位置のすぐ外側からフェイスラインにかけて、縦長に入れる。

2

ブラシに含ませ、頬の外側にのせる

ベージュチークをチークブラシに含ませる。いったん手の甲にとり、量を調節してつけすぎを防ぐ。笑ったとき盛り上がる頬の外側にのせて。

3

フェイスラインへぼかし込む

フェイスラインに向けて、やや下方向にブラシを動かす。ブラシを下にずらしながら2～3回入れて。ほんのりと淡く色づけば完成。

Finish

小顔に見せたいなら断然、
ベージュチーク。辛口のベージュが
左右から頬を引き締め、
顔がすっきりタイトにまとまります。
チークをつけると甘くなるのがイヤ
というモード派にもおすすめ。

これもおすすめ Other Items

くすみやすいならコーラルベージュ

血色がなくなりがちな方には、ほんのり赤みもあるこんな色を。ピュア カラー エンヴィ ブラッシュ 15 ￥5,600／エスティ ローダー

しっとりついて粉っぽさ皆無

パウダーなのにクリームのようななめらかさ。左はベースカラー。クリーミィ シアー パウダーチークス 02 ￥4,000／RMK Division

モードな雰囲気の辛口ベージュ

赤みの少ないシェイドカラー。おしゃれ感たっぷり。ブラッシュ ネイキッド ライズ ￥2,800／ADDICTION BEAUTY

Lip Make-up

4

リップメイク

口紅、塗っていますか？　もしやリップグロスだけでメイクを終わらせていませんか。
　鏡を見なくても塗れるリップグロスは便利だけれど、減っていく血色やふっくら感を補ってくれるのは、やはり口紅です。適度な厚みと輪郭の補整力で唇の美しい形を呼び起こし、唇のくすみをカバーして血色を補ってくれる。最近の口紅には保湿効果も備わっているので、縦ジワが目立たずしっとりなめらかな艶が続きます。なじみの良さと血色感を兼ね備えた、自分にぴったりの1本をぜひ探してください。
　そしてもう1本、鮮やかな色のリップカラーにもトライしていただきたいもの。ふたつをうまく使いこなせてこそ、大人の女です。

リップメイクに必要なアイテムリスト

Nudy lipstick

肌なじみのいい口紅

見た目通り発色し、厚みと潤いを兼ね備えたものを

好感度が高く幅広いシーンで使えるのは、ベージュピンクや赤みの入ったコーラルなど、ほど良い血色感のある口紅。厚みがあって見た目通り発色し、しっとりと縦ジワが目立たないものがベストです。

万能なベージュピンク。潤いたっぷりのみずみずしい口元に。ルナソル フルグラマーリップス 39 ¥3,000／カネボウ化粧品

Vivid lip pencil

強めカラーの太リップペンシル

強めカラーも、セミマットなら
大人を美しく見せてくれる

赤やボルドーなど強い色は艶があると派手に見えてしまうけれど、セミマットな質感の太いペンシルを薄くなじませれば、とたんにフレッシュでセンス良く見えます。暗すぎず鮮やか過ぎない色を選びましょう。

肌なじみのいいレッド。こんな色に慣れるのも大人のたしなみ。ベルベットマットリップペンシル 2455N ¥3,000／NARS

肌なじみのいい口紅でふっくら唇に

How to make-up

→ 使用アイテムの詳細はp.106

1

スティックで直接、上唇の口角から山へ向けて塗る

口紅を5ミリ程度繰り出す。口を開けぎみにして、口角に口紅の先をあて、山に向けて輪郭を取りながら塗る。唇本来の輪郭通りに塗るのが基本だけれど、上唇の薄さが気になる場合は、ややオーバーぎみにして。

2

下唇にも塗り、上下中央の輪郭を少しぼかす

唇を閉じ、下唇の口角から中心に向けて同様に塗る。上下唇を軽く合わせて色をなじませたら、指先で上下唇の中央部分の輪郭を少しぼかす。口角はぼかさずすっきりしたラインに仕上げると、品の良い口元に。

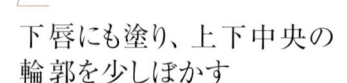

Finish

ほど良い色とふっくらみずみずしい質感で
好感度の高い唇が完成。肌色や顔立ちによって
似合う色は異なるので、いろいろトライして
My定番となる1本を見つけましょう。

これもおすすめ Other Items

コーラルピンクでピュアな雰囲気に

白肌に似合うコーラルピンク。発色がよく、艶が強すぎないので落ち着いた仕上がり。ピュア カラー クリスタル シアー リップスティック 01 ¥3,600／エスティ ローダー

ベージュをつけるならブラウン寄りを

白っぽいベージュは大人の肌から浮いてしまう。ブラウン寄りのしっかり発色するものなら唇に存在感が。AQ MW ルージュグロウ BR353 ¥3,500／コスメデコルテ

品のいい赤みベージュできちんと顔に

レッドにベージュを混ぜたような、大人の落ち着きとナチュラルな雰囲気を兼ね備えた絶妙な色。カネボウ モイスチャールージュ 01 ¥3,500／カネボウ化粧品

強めカラーのペンシルでセンス良く

How to make-up

→ 使用アイテムの詳細はp.107

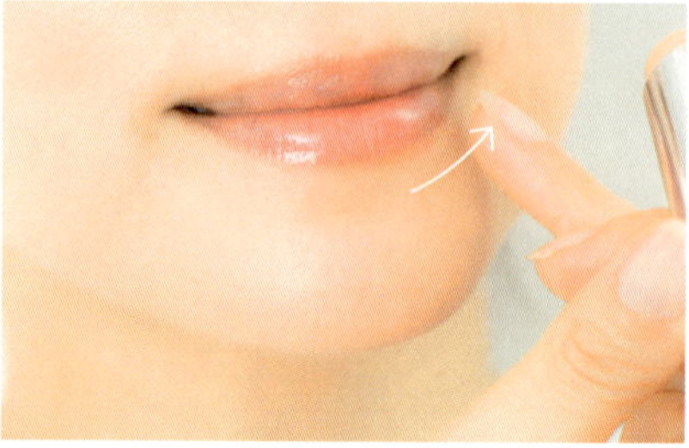

1

スティックコンシーラーで輪郭を整える

強めカラーは輪郭をあえて曖昧に仕上げたいので、塗る前にコンシーラーで口角のくすみを整えておくと品良く仕上がる。スティックコンシーラー（P.19）で下唇の口角を縁取り、指の腹でぼかしてなじませる。

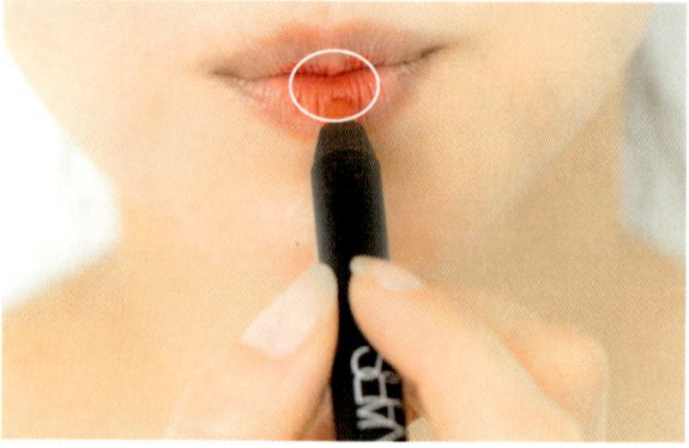

2

リップペンシルで直接色をのせる

唇をややすぼめ、リップペンシルで唇中央の内側に色をのせる。まずは粘膜に近い内側部分にのせ、花のつぼみのように外側に向けて淡くなるように仕上げると、濃い色も不自然にならず、顔にしっくりなじむ。

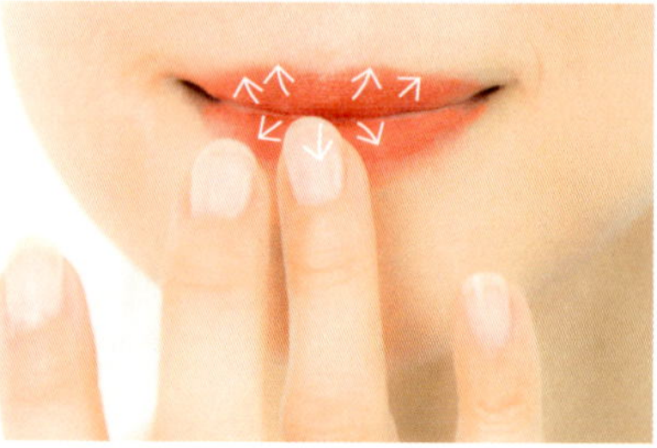

3

指先で外側に向けて広げていく

2でのせた色を、外側に向けて徐々に広げていく。最も外側の輪郭はごく淡く色がのっている程度に仕上げる。指が汚れるのが気になる場合は綿棒を使って。

4

綿棒で輪郭を軽くぼかす

輪郭からはみ出した部分があれば、何もついていない綿棒でぬぐう。さらに綿棒で全体の輪郭をそっとなぞってぼかす。最後にリップペンシルで唇の中央の内側部分に少量色をのせ、グラデーションを作る。

Finish

カジュアルなシャツやカットソーなどに
赤リップを合わせると、こなれた雰囲気が出ます。
アイメイクは無彩色でごくシンプルに、
チークは入れずに全体のバランスをとって。

これもおすすめ Other Items

エレガントなボルドーレッド

深い色合いも指でぼかせば軽やかな仕上がり。ドレスにもシャツにも似合う。サラッとして落ちにくい。リップクレヨン サフラン ￥2,300／ADDICTION BEAUTY

シアーでみずみずしいつけ心地

柔らかいタッチですっとのび、薄くシアーな色づき。ほんのり艶もあって優しげな印象に仕上がる。リップクレヨン 06 ￥2,200／RMK Division

ふんわり柔らかいピュアレッド

セミマットでふわっとした質感なので、思い切ったピュアレッドもかわいい雰囲気に。ヴェルヴェッティーズ リップ ペンシル エニシング ゴーズ ￥2,800／M・A・C

Column 4

大人の女の賢いクレンジング法

1日の終わり、メイクや汚れを落として素肌に戻す“クレンジング”という行為は、とても大切。でも、疲れてすぐに寝たいときだってあります。そんなときのために、私が常備しているのはクレンジングウォーター。コットンに含ませてふき取るだけ、化粧水の役割も兼ねているのです。きれいに落ちるし、もう毎日これでいい！　と思ってしまうほどの手軽さですが、少し余裕がある夜は、肌に摩擦の負担をかけないクレンジングオイルを使用。もっと時間があるときは、クレンジングバームでマッサージしながら毛穴の中まで汚れを浮かせます。3つを使い分けるようになってから、クレンジングが億劫ではなくなりました。

クレンジングは3タイプ持って使い分けを

Balm

マッサージもできる
クレンジングバーム

体温でゆっくりとろけてオイル状に。週末など余裕があるとき、じっくりマッサージして毛穴の汚れを浮かせる。

植物オイルが洗い上がりに潤いを残す。エレミス プロコラジェン クレンジングバーム 105g ¥11,000／エレミス カスタマーケア

毛穴の奥まできれいに。アルティム8 スブリム ビューティ インテンシブ クレンジング バーム 100g ¥9,000／シュウ ウエムラ

Oil

肌に優しく素早く落とす
クレンジングオイル

こすることによる摩擦の負担をかけず、メイクを瞬時に浮かせてすすぎ落とす。ポイントメイクも落とせるのが◎。

香り高いエレミスのものを愛用。エレミス ナリシングオメガリッチ クレンジングオイル 195㎖ ¥8,500／エレミス カスタマーケア

さらっとライトな感触で、すすいだ後はベタつかない。オイルオブセスト クレンジング オイル 180㎖ ¥4,000／ベアミネラル

Water

疲れた夜に頼もしい
クレンジングウォーター

コットンに含ませて顔全体を拭き取る。汚れがつかなくなるまで数回拭いたら、乳液などで保湿してお手入れ終了。

天然由来の洗浄剤を使用し、肌に優しい。エレミス スマートクレンズ ミセラーウォーター 200㎖ ¥7,000／エレミス カスタマーケア

メイクをスッキリ落としながら、植物の恵みで肌に活力を与える。オードコンフォート エクスプレス 200㎖ ¥4,300／クラランス

Retouch

5

メイク直し

バッグの中に、メイク直し用の大きなミラーやコスメどっさりポーチを持ち歩いている方を、ときどき見かけます。メイクを頑張りたい若い子なら良いと思うのですが、アラフォー以降の大人世代には、できる限り小さなポーチにミニマムなコスメを収めて、小粋に出かけていただきたいなと思います。

そもそも、この本でご紹介しているのは素顔を生かすミニマムメイクですし、くずれにくくするための工夫も施しているので、イチから塗り直す想定はいらないのです。チークやリップ、眉、きわのアイラインなど、どうしてもくずれるものだけを携帯して。サイズが小さくマルチに使えるコスメを集めれば、わずか5品でお直しが可能……次のページで詳しくご紹介します。

ポーチに入れるアイテムリスト

a スティックコンシーラー

仕事でもプライベートでも愛用している、先端のチップに含まれたコンシーラー。ポンポンと押すようにのせるだけできれいにカバー。

b ブラウンのアイライナー

目の際ギリギリに入れたアイラインは、時間が経つと薄れがち。黒で足すと強くなりすぎるので、ブラウンのリキッドが適役。

c ダブルアイブロウ

チップに含まれたアイブロウパウダーとリキッドアイブロウが両端についたスティック。1本で眉のお直しが自在に。

d ピンクのチーク＆リップ

汎用性が高いベージュピンクのチーク&リップカラー。クリームタイプなので重ねても粉っぽくならない。便利なミラーつきを。

e 保湿スティックバーム

リップクリームとしてはもちろん、顔全体のカサつきに使えるマルチな保湿バーム。リップクリームより軽くてベタつかない。

a. チップに含まれたリキッドコンシーラーが肌を手早くリタッチ。キャンメイク スタンプカバーコンシーラー 02 SPF31・PA++ ¥600／井田ラボラトリーズ　b. にじみにくさに定評のあるリキッドの、ブラウンをお直し用に。ケイト スーパーシャープライナーA BR-1 ¥1,000／カネボウ化粧品　c. パウダーとリキッドが両端にセットされ、これ1本で美眉が復活。エスプリーク W アイブロウ（リキッド&パウダー）BR 300 ¥2,100（編集部調べ）／コーセー　d. マンゴー種子バターなどの植物オイルがエイジングケア。チークにもリップにも使える。ミネラルクリーミーチーク 06 ¥3,300／MiMC　e. 目元や口元、法令線に、メイクの上から潤いをチャージするスティックタイプのスキンケア。ビオモイスチュアスティック ¥3300／MiMC（ポーチは本人私物）

How to Retouch

1 鏡で顔をチェックし 汚れをお掃除

上まぶたのアイシャドウのヨレや小鼻のヨレを指でならす。小鼻のテカリをティッシュで押さえ、下まぶたのにじみは折ったティッシュの角（あれば綿棒）で落とす。

2 薄れたベースメイクを コンシーラーでカバー

小鼻の周りや下まぶたなど、メイクが薄れた部分にコンシーラーをチップでポンポンとのせる。指でそっとなじませて。

3 浮いてきたシミも ポイントでカバー

メイクしてから時間がたって濃いシミが浮いてきている場合は、コンシーラーでカバー。チップでポンポンとのせ、指で押さえる。

4 目の際にアイラインを軽く描き足す

朝、黒リキッドで入れたラインが薄れて目力がなくなっていたら、ブラウンのリキッドでまつげの間を埋めるように描き足す。

5 チーク&リップで血色をプラス

チーク＆リップを中指の腹にとり、両頬に少量と唇にのせて血色を復活。頬は薬指の腹で境目をなじませ、自然に仕上げる。

6 バームで唇に艶を足す

チーク＆リップは唇用にはややマットな質感なので、保湿バームで艶を足す。スティックで直接重ね、唇を合わせて全体に広げる。

7 眉の薄れを描き足して完成

ダブルアイブロウのパウダーで消えかけた部分に色をのせる。さらに自眉のない部分にリキッドで毛を描き足して。

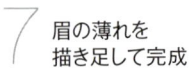

Column 5

バッグにいつもリップクリーム

リップクリームが好きで、メイク直しポーチとは別にいつも携帯。
本格的な荒れ対策、香りを楽しむもの、きれいな艶が出るものなど、
仕事でもプライベートでも使い分けています。
これまで何本も使ったお気に入りアイテムをご紹介します。

3

2

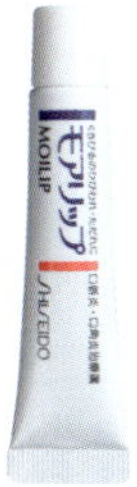

1

5

4

1.荒れがひどいときはこれ。メイクボックスにも常にスタンバイ。モアリップN［第3類医薬品］￥1,200／資生堂薬品 2.アロマの香りでつけるたびに癒される。ジョンマスターオーガニック リップカーム オリジナルシトラス ￥1,500／ジョンマスターオーガニック 3.縦ジワが目立たなくなる。リペアウェア インテンシブ リップ トリートメント ￥4,000／クリニーク 4.スーッとするつけ心地で唇がふっくらみずみずしく。ディオール アディクト リップ マキシマイザー ￥3,600／パルファン・クリスチャン・ディオール 5.パックしているような密着感。リップ コンディショナー ￥3,500／レ・メルヴェイユーズ ラデュレ

My Career as Hair & Make-up Artist

小学生の頃から、ヘア&メイクになると決めていました

初めてヘア&メイクになりたいと思ったのはアイドル歌手全盛期の小学生時代。同じアイドルが髪型やメイクによって印象を変えることに気づき、「ヘア&メイクの仕事ってかっこいい!」と憧れてしまったんです。以前から心惹かれていた資生堂の広告に関わりたいという気持ちも膨らみ、SABFAという資生堂のヘア&メイク養成スクールへ入学。その後、憧れの資生堂にヘア&メイクとして入社しました。

資生堂では14年、さまざまな経験をさせていただきました。ブランドの広告撮影に参加したり、海外のコレクションでメイクをしたり、商品開発チームに加わったり、ビューティトレンドを研究したり……。そんな中で私は、クリエイターと意見交換しながらビジュアルを作り上げていく〝撮影〟という仕事を追求したいと思うようになり、36歳で独立しました。

長い会社員時代を経てフリーランスへの転身

化粧品メーカーでの経験が今の自分を支えています

右／1993年、初めてパリコレのバックステージでメイクを手がけました。左／資生堂時代、広告の撮影にたびたび参加。

インスタで大人気の猫「マッシュ」の母でもあります

Instagram:@mash1126a

は、覚悟がいることでしたが、始まってみれば、ありがたいことにさまざまな女優さんや広告会社の方、雑誌の編集やライターさんなどに声をかけていただきました。この本で全編にわたりモデルを務めてくださった石田ゆり子さんとの出会いも、独立しての広告の仕事がきっかけ。ゆり子さんは「瑞恵ちゃんといると笑いすぎて腹筋が痛くなる」とおっしゃるのですが（笑）、そうやって準備の時間を楽しく盛り上げることで、いい状態で撮影に臨めるようにするのも、ヘア＆メイクの仕事のひとつのように思っています（もちろん、撮影の内容によっては静かにメイクする日もありますよ）。

　私の仕事は感性に頼る部分が大きいので、正解はあってないようなもの。自分の中にひとつの筋はありますが、さまざまな価値観を持つ人と話すことで世界が広がったり、引き出しが増えたり。日々、成長させていただいています。

From 石田ゆり子

岡野瑞恵様

今回こうして瑞恵ちゃんの初のメイク本のモデルを務めさせていただき、
心から嬉しく思います。
「私？　私でいいの？」と聞くと、「ゆり子さんがいいんです、同じ年だし！」と……。
そうか、私たちは同じ年。
この年なりの顔に、それぞれ育って（？）きました……。
40代も半ばを過ぎて、今の自分に一番ふさわしいあり方を、
すべての面で模索する日々です。
それはメイクにおいても、もちろん同じで、
いったいどうしたら、何を選んでどのように施せばいいのか……。
その悩みを、瑞恵ちゃんは、ひょいひょいと、いとも簡単に払拭してくれます。
絶え間なく、楽しくおしゃべりしながら（ときどき話しすぎて
顔が筋肉痛になる……ふふふ）、軽やかに、そして確実に、魔法のように。
大げさではなく本当に。
瑞恵ちゃんの手からは、人をハッピーにするパワーが出てます。
それは卓越した技術やセンスに加えて、
瑞恵ちゃんの人柄、優しさ、思いやり、

この人を絶対に魅力的にしてあげようというテレパシーのような力、
そういうものを感じます。
女であることの喜びを私はいつも瑞恵ちゃんのメイクから頂いています。
ハッピーをありがとう。
背筋を伸ばしてこれから先も歩いて行きましょう！
これからもよろしくお願いします。

石田ゆり子

Epilogue

この本を手に取っていただき、そして最後まで
お読みいただいて、ありがとうございました。

無駄をそぎ落としてシンプルに装うこと。
ファッションやシーンに合わせて
少し華やかにしたり、マニッシュに見せたりと
ちょっとした変化をつけるだけで、
大人っぽくて女性らしい色気が生まれること。
私が美容の仕事を始めて28年、さまざまな方

との出会いや経験の中で生まれた思いを、
うまくお伝えすることができたでしょうか。

新しい自分を見つけたときは、誰もが
ワクワクしたり、笑顔になれる。
メイクは、私たちに寄り添って、
そっと力を貸してくれる存在でもあります。
シンプルな大人のメイクにトライして、
ご自身の魅力を引き出し、新しい自分を
楽しんでいただけたら、とても幸せです。

この本の出版に携わって下さった
石田ゆり子さんをはじめ、スタッフの方々に
深く感謝し、お礼を申し上げます。

岡野瑞恵

Cosmetics' Store Directory

ADDICTION BEAUTY／0120-586-683
RMK Division／0120-988-271
イヴ・サンローラン・ボーテ／☎03-6911-8563
井田ラボラトリーズ／0120-44-1184
エスティ ローダー／☎03-5251-3386
MiMC／☎03-6421-4211
エレガンス コスメティックスお客様相談室／0120-766-995
エレミス カスタマーケア／0120-217-257
カネボウ化粧品／0120-518-520
カネボウインターナショナルDiv.／0120-518-520
クラランス／☎03-3470-8545
クリーク お客様相談室／☎03-5251-3541
コスメデコルテ／0120-763-325
コーセー／0120-526-311
コーセーコスメニエンス／0120-763-328
SHIGETA／0120-945-995
資生堂お問い合わせ先／0120-81-4710
資生堂インターナショナル／0120-81-4710
資生堂薬品株式会社 お客様窓口／☎03-3573-6673
シュウ ウエムラ／☎03-6911-8560
ジョンマスターオーガニック／0120-207-217
THREE／0120-898-003
トム フォード ビューティ／☎03-5251-3541
NARS JAPAN／0120-356-686
パルファム ジバンシイ〔LVMHフレグランス〕／☎03-3264-3941
パルファン・クリスチャン・ディオール・ジャポン／☎03-3239-0618
ベアミネラル／0120-24-2273
ヘレナ ルビンスタイン／☎03-6911-8287
M・A・Cお客様お問い合わせ先／☎03-5251-3541
ランコム／☎03-6911-8151
レ・メルヴェイユーズ ラデュレ／0120-818-727
ローラ メルシエ／0120-343-432

Clothes' Credit

〈P10〉 ブルーサファイアピアス、一粒ピアス／ともにブランイリス（ブランイリス・ジャポン）
〈P23〉 白Tシャツ／ベイシーク（アースワークス）
〈P46～47〉 ベージュブラウス／クルチアーニ（クルチアーニ 銀座店） 一粒ダイヤネックレス、一粒ダイヤピアス／ともにブランイリス（ブランイリス・ジャポン）
〈P50〉 ピアス／ブランイリス（ブランイリス・ジャポン）
〈P54〉 トレンチコート／マッキントッシュ ロンドン（SANYO SHOKAI） 白Tシャツ／P23と同じ デニム／レッド カード（バラタコンシェルジュ プレスルーム）
〈P91〉 白ローゲージニット／フレッド シーガル
〈P93〉 ライトグレーニット／アリクアム（ストラスブルゴ） アクセサリー／岡野さん私物
〈P101〉 ベージュニット／ジョンストンズ（リーミルズ エージェンジー）
〈P103〉 グレーニット／フレッド シーガル
〈P109〉 紺シャツ／スタイリスト私物
〈P111〉 デニムシャツ／スタイリスト私物

Clothes' Store Directory

アースワークス／☎078-845-9833
株式会社ストックマン／☎03-3796-6851
クルチアーニ 銀座店／☎03-3573-6059
SANYO SHOKAI（C.R室）／0120-340-460
ストラスブルゴ／0120-383-653
バラタコンシェルジュ プレスルーム／☎03-6303-0036
ブランイリス・ジャポン／☎078-241-0101
フレッド シーガル／☎03-6892-1020
リーミルズ エージェンジー／☎03-3473-7007

※本書に掲載されている情報は2016年10月時点のものです。
商品やブランドについての情報は変更になる場合があります。
※商品価格は税抜表示です。

Satff

モデル／石田ゆり子

人物撮影／天日恵美子
静物撮影／池田 保
スタイリング／森 慶子
構成・文／大塚真里
アートディレクション／藤村雅史
デザイン／増田恵美（藤村雅史デザイン事務所）
イラスト／大山奈歩
マネジメント［モデル］／和田亜紀子（風鈴舎）
校正／東京出版サービスセンター
編集／青柳有紀　杉本透子（ワニブックス）

大人の
Make
Book

著者　岡野瑞恵

2016年10月31日　初版発行
2017年 3月20日　5版発行

発行者　横内正昭

発行所　株式会社ワニブックス
〒150-8482
東京都渋谷区恵比寿4-4-9　えびす大黒ビル
電話　03-5449-2711（代表）
03-5449-2716（編集部）
ワニブックスHP　http://www.wani.co.jp/
WANI BOOKOUT　http://www.wanibookout.com/

印刷所　凸版印刷株式会社
DTP　株式会社オノ・エーワン
製本所　ナショナル製本

ISBN 978-4-8470-9489-7